音视频普及版

国学传世经典 名师导读丛书

战国策

【西汉】刘向◎著

总主编 胡大雷

主编 王晨

漓江出版社

图书在版编目（CIP）数据

战国策／（西汉）刘向著；胡大雷总主编. -- 桂林：
漓江出版社，2023.1
（国学传世经典名师导读丛书）
ISBN 978-7-5407-9316-6

Ⅰ. ①战… Ⅱ. ①刘… ②胡… Ⅲ. ①中国历史-
战国时代-史籍②《战国策》-研究 Ⅳ. ①K231.04

中国版本图书馆 CIP 数据核字（2022）第 188263 号

战国策　ZHANGUOCE

作　　　者　【西汉】刘向　著
总　主　编　胡大雷
主　　　编　王　晨

出　版　人　刘迪才
策划统筹　林晓鸿　陈植武
责任编辑　林晓鸿
助理编辑　陈丽君
装帧设计　林晓鸿
责任校对　徐　明
责任监印　杨　东

出版发行　漓江出版社有限公司
社　　　址　广西桂林市南环路 22 号
邮　　　编　541002
发行电话　010-65699511　0773-2583322
传　　　真　010-85891290　0773-2582200
邮购热线　0773-2582200
网　　　址　www.lijiangbooks.com
微信公众号　lijiangpress

印　　　制　河北赛文印刷有限公司
开　　　本　710mm×1000mm　1/16
印　　　张　13
字　　　数　192 千字
版　　　次　2023 年 1 月第 1 版
印　　　次　2023 年 1 月第 1 次印刷
书　　　号　ISBN 978-7-5407-9316-6
定　　　价　36.80 元

前言

胡大雷

古今中外都说"上学读书"。读什么书？其中之一就是读国学经典。习近平总书记说："实现中国梦必须走中国道路、弘扬中国精神、凝聚中国力量。"中国精神，体现在中国人的行为实践中，也体现在国学经典里。国学经典集中传统文化的精华，把古往今来中国人的行为实践概括为语言文字，凝聚为学术知识。

从国学经典里，我们可以读到什么、学到什么？

第一，我们学到了中国人治国理政的作为、做人做事的规范。古代的"经书""垂世立教"，就是用以传承的治国理政的纲要，读"经书"，就是要懂得做人的规范，比如《论语》倡导的"仁礼孝德""温良恭俭让"等。做人要诚己刑物，以自己的真诚去匡正社会。

第二，我们坚定了以爱国主义为核心的民族精神，以此凝聚与铸牢中华民族共同体意识。《春秋》讲"大一统"，所谓"六合同风，九州共贯"；司马迁《史记》讲"大一统"，"大一统"是贯穿中华民族爱国主义精神的一条红线，成为中华民族的精神基因。从《诗经》到屈原的《离骚》，从杜甫的诗句中，从文天祥的《正气歌》、林则徐等人的作品中，我们看到国学经典中有着怎样的对国家民族的期望。爱国主义精神又体现在"天下兴亡，匹夫有责"的名言以及范仲淹"先天下之忧而忧，后天下之乐而乐"的豪言壮语中。

第三，我们读到了中国人的智慧。老子《道德经》说："上善若水，水善利万物而不争。"而且如此智慧的语言又体现在执行能力上，习近平总书记就提出，领导者要有老子《道德经》所说"治大国如烹小鲜"的态度。"穷则独善其身，达则兼济天下。"儒道两家为人处世的智慧体现在其中。《庄子》讲"无以人灭天，无以故灭命"，教导我们要与自然相适应；讲"言者所以在意，得意而忘言"，昭示我们要探究事物更深层面的道理。墨子讲

"言有三表"，指明判断真理的几大标准。孟子讲"说诗者不以文害辞，不以辞害志"，讲"知人论世"，以智慧去实施文学批评。这些都值得当代人借鉴。

第四，我们读到了中国人建设美好家园的奋斗精神。孔子称"大道之行也，天下为公。选贤与能，讲信修睦"为人类的理想世界；陶渊明《桃花源记》描摹的桃花源。国学经典中多有对理想社会的叙写，但更多的则是告诉我们如何通过奋斗来实现生活的目标，如"愚公移山"。习近平总书记指出："我们要立下愚公移山志，咬定目标、苦干实干，坚决打赢脱贫攻坚战。""让我们大力弘扬愚公移山精神，大力弘扬将革命进行到底精神，在中国和世界进步的历史潮流中，坚定不移把我们的事业不断推向前进，直至光辉的彼岸。"这些重要论述，赋予传统文化中的奋斗精神以新的时代内涵。

第五，我们得到了文学的享受。国学经典各有文体，它们尽显各自的风采。从语言格式来说，古老《诗经》的四言、《楚辞》的"兮"字体，又有五言、七言及其律化，曲词的长短句，无所不用，只求尽兴尽情。除诗以外，文分散、骈，不拘一格，无不朗朗上口，贴切合心。从表达功能来说，或抒情，或说理，或叙事，读者赏心悦目，便是上乘之作。

我们是中华民族的传人，一呱呱落地，就接受着传统文化的阳光雨露；我们每一个中国人，无论老幼，无论从事什么职业，都应该善于学习，多读国学经典。中华文化是我们的精神家园，国学经典是我们精神家园的文本载体。今天，我们读国学经典，就是树立做一个中国人的根本，就是为了传承中华优秀传统文化，令其生生不已，并赋予新的时代内涵。

为了帮助广大读者学习和阅读国学经典，强化记忆，编者精心选编了这套国学经典丛书，设置导读、注释、译文、点评、拓展阅读、学海拾贝等版块，对原著进行分析解读，并在每本书附加60分钟的音视频画面，范读内容均为经典段落、格言警句及诗词赏析。本套书参考引用了历代学者或今人的研究成果，未能详细列出，在此特别说明，并对众多国学研究者的辛勤劳动致以谢忱！

书路领航

作者简介

刘向（约公元前77—前6），本名更生，字子政，沛（今江苏沛县）人。西汉经学家、目录学家、文学家。汉皇族楚元王（刘交）四世孙。

汉宣帝时，曾招选名儒俊才，刘向以通达经术并能写文章被举荐给汉宣帝，获得谏大夫的官职。他多次以阴阳灾异推论时政得失，屡屡上书弹劾外戚专权。汉成帝时任光禄大夫，终中垒校尉。

刘向曾校书天禄阁，编撰成《别录》，这是我国最早的图书分类目录。著有《九叹》等辞赋三十三篇，大多亡佚。有《五经通义》一卷，为清马国翰《玉函山房辑佚书》辑存。今存《洪范五行传》《列女传》《列仙传》《新序》《说苑》《战国策》等书。

西汉初年，董仲舒提出"推明孔氏，抑黜百家"，为进一步强化中央集权制度提供了理论上的依据，从而获得了汉武帝的赏识。刘向在"独尊儒术"的大环境下编撰《战国策》一书，是需要极大勇气的，也为我国文化思想传承做出了极其重要的贡献。

创作背景

春秋战国是社会大动荡的时期，也是学术思想非常活跃的时期。由春秋时期小国林立的争霸局面，逐步演变为齐、楚、燕、韩、赵、魏、秦七大国争霸局势。这一时期的学术思想领域出现了很多代表性的大家，墨子、孔子、荀子、老子……诸子百家，竞相争鸣。在社会的动荡、变迁、改革中，催生了"士"这一社会阶层。"士"的来源极其复杂，但均有某方面的实际能力。他们中的很多人通晓天文、地理、军事、政治、历算等知识。在各种思想争奇斗艳的背景下，新思想导致了政治上的改变。春秋时期，官职多由贵族世代相承，进入战国后，变革成为时代的主旋律。为了富国强兵，选任贤才，有才华、有能力的"士"开始进入各诸侯、王、相的视野，引起了他们的重视，于是形成了盛行一时的"养士"之风。

在这一特殊时期诞生的特殊群体——策士，又被称为纵横家。纵横家苏秦、张仪等就是在这个大变革背景下出现在战国时期政治舞台上的政论家。他们是一群对时代态势演进有着独特判断，对人心理有着独到剖析的政论高手。纵横家们凭借自己的学识与口才，左右着诸侯们的决策，进而就左右了整个战国时期的历史进程。在凸显他们自身价值的同时，也体现出知识在历史发展中的巨大作用。

《战国策》记载了策士们周旋于列国之间，纵横捭阖的一言一行。字里行间处处透露出策士们的能言善辩、机智诙谐。他们的议论或气势恢宏，抑扬顿挫；或清新婉丽，深刻透辟；或深入浅出，鲜明精警，表现出相当的语言魅力。

内容提要

《战国策》是一部国别体史料汇编。初时抄本有《国策》《国事》《短长》《事语》《长书》《修书》等名称，作者不可考。西汉末年，光禄大夫刘向加以整理，依国别按时序重新编订，定名为《战国策》。

《战国策》全书分东周、西周、秦、齐、楚、赵、魏、韩、燕、宋、卫、中山等十二国策，记载了春秋末至秦二百四十多年间的史事。其主要内容是记载战国时期的游士、谋臣、纵横家们向任用他们的国家提出的策谋。其间也杂有一些儒家、道家、墨家、法家、兵家等各家言行，涉及当时的历史、地理、战争、政治等多个方面。广泛反映了战国时代错综复杂的历史，记录了当时许多重大事件和著名人物的活动，是研究战国史的重要文献。

《战国策》长于记事，善于夸张渲染。叙事生动，写人传神。尤其是人物说辞，气势凌厉，旁征博引，极具说服力。文中还有典故、寓言故事以及多种修辞手法的运用，具有浓厚的文学趣味，对后代的散文影响很大。

目录

CONTENTS

目录
CONTENTS

东周策

秦兴师临周而求九鼎

名师导读

相传夏禹铸九鼎，象征九州。夏、商、周三代将其奉为象征国家政权的传国之宝。秦兴兵周王朝索要九鼎，一方面暴露了秦的野心，另一方面折射出周王室危如累卵。周臣颜率先允献九鼎于齐，换齐王出兵，解周王室之危。再以九鼎亦可激起梁、楚等国欲望为由，打消了齐王索鼎的念头，保全了九鼎。

【原文】

秦兴师临周而求九鼎①，周君患之，以告颜率②。颜率曰："大王勿忧，臣请东借救于齐。"

【注释】

①九鼎：传说是大禹命人铸造而成的，在古代一直被视为国家权力的象征。

②颜率：人名，生平不详，周朝的臣子。

【译文】

　　秦国出兵进逼周境索要九鼎，周君非常担忧，就向颜率征求意见。颜率说："大王无须担忧，请让我向东方的齐国请求援兵。"

【原文】

　　颜率至齐，谓齐王曰："夫秦之为无道也，欲兴兵临周而求九鼎。周之君臣，内自画计①，与秦，不若归之大国②。夫存危国，美名也；得九鼎，厚实也。愿大王图之。"齐王大悦，发师五万人，使陈臣思③将以救周，而秦兵罢。

【注释】

　　①画计：商量。
　　②归之大国：指把九鼎拱手送给齐国。
　　③陈臣思：战国时齐国名将田忌。亦称田臣思、田期思。

【译文】

　　颜率来到齐国，对齐王说："秦国不讲道义，想要发兵进逼周境索要九鼎。周国君臣商议之后觉得，与其给秦国，还不如送给贵国。保下即将灭亡的国家，定会美名远扬；得到天下至宝九鼎，又得到了实在的利益。希望大王考虑一下。"齐王

听后特别高兴，随即派遣五万大军，并任命田忌为主将前去救周，于是秦军撤兵了。

【原文】

齐将求九鼎，周君又患之。颜率曰："大王勿忧，臣请东解之。"颜率至齐，谓齐王曰："周赖大国之义，得君臣父子相保也，愿献九鼎，不识大国何途之从①而致之齐？"齐王曰："寡人将寄径②于梁③。"颜率曰："不可。夫梁之君臣欲得九鼎，谋之晖台④之下、沙海⑤之上，其日久矣。鼎入梁，必不出。"齐王曰："寡人将寄径于楚。"对曰："不可。楚之君臣欲得九鼎，谋之于叶庭⑥之中，其日久矣。若入楚，鼎必不出。"王曰："寡人终何途之从而致之齐？"

【注释】

①何途之从：倒装句，即"从何途"，走哪条路的意思。
②寄径：借道。
③梁：指魏国。魏惠王曾经迁都大梁，故魏又称"梁"。
④晖（huī）台：魏国的台名，位于今河南开封。
⑤沙海：地名，位于今河南开封西北。
⑥叶庭：地名，位于今湖北华容。

扫码看视频

【译文】

齐国就快索要九鼎了，周君又开始忧虑起来。颜率说："大王无须焦虑，让我去东方处理这件事吧。"颜率到了齐国，对齐王说："这次全凭大国的义举，周国上下才得以保全啊，敝国非常愿意献出九鼎，不知贵国想通过哪条路运回九鼎呢？"齐王说："寡人计划向魏国借道。"颜率说："万万不可。魏国君臣也想得到九鼎呢，已经在晖台脚下、沙海边上谋划很久了。九鼎一旦进入魏国，肯定出不来。"齐王又说："那寡人打算向楚国借道。"颜率回答说："万万不可。楚国君臣为了得到九鼎，也已在叶庭谋划很长时间了。九鼎一旦进入楚国，也肯定出不来。"齐王说："那寡人到底该从哪条路才能把九鼎运回齐国呢？"

【原文】

颜率曰："弊邑固窃为大王患之。夫鼎者，非效醯^①壶酱甀^②耳，可怀挟提挈以至齐者；非效鸟集乌飞、兔兴马逝^③，漓然^④止于齐者。昔周之伐殷，得九鼎，凡一鼎而九万人挽之，九九八十一万人，士卒师徒，器械被具，所以备者称此。今大王纵有其人，何途之从而出？臣窃为大王私忧之。"

【注释】

① 醯（xī）：醋。

② 甀（zhuì）：口很小的坛子。

③ 兔兴马逝：形容轻快。兴，跳动。逝，跑。

④ 漓然：水渗流的样子。

扫码看视频

【译文】

颜率说："敝国私下替大王担忧呀。九鼎可不像醋瓶子或酱坛子，揣着提着就能够到达齐国；也不像雀鸟聚集、乌鸦飞翔、兔子跳跃、骏马奔跑那样，可以轻巧、迅速地到达齐国。当初周人攻伐殷国，得到九鼎后，一只鼎就需要用九万人牵引，一共动用了八十一万人运送九鼎，而辅助的兵卒及工具数量也与这个数字相当。如今即使大王有这么多人可用，那又该走哪条路呢？臣心里真的为大王担忧呀。"

【原文】

齐王曰："子之数^①来者，犹无与耳。"颜率曰："不敢欺大国，疾定^②所从出，弊邑迁鼎以待命。"齐王乃止。

【注释】

①数：屡次，多次。
②疾定：快快决定。

【译文】

齐王说："你多次前来，无非是不想给寡人九鼎罢了。"颜率说："怎敢欺骗大国，请快快决定运送的路线，敝国随即把鼎迁出，时刻待命运走。"齐王只好作罢。

名师点评

古往今来，国与国、人与人之间的利益竞争和冲突是永恒的。文中周室虽已衰败，但在战国时却拥有大义、名分和国家统一的象征——九鼎。智慧过人的周臣颜率正是利用了这两件利器，化解了周室的危机。一言可以兴邦，一言可以救国难。面对国难，颜率善于揣摩人心、借力打力，运用智慧和口才，挽救了周室的尊严和利益。

秦攻宜阳

名师导读

　　战国时期，各国相继称王。秦将甘茂欲攻韩地宜阳，楚将景翠亦率军前来。周王询问赵累对局势的看法，老谋深算的周臣赵累通过对双方作战意图、诸侯和将领处境的分析，预测到宜阳必会陷落于秦。他分析了楚与各国的利害关系，指出各种抉择所产生的后果，最后建议周王用利益劝楚将为其所用。结果在这场诸侯混战中，赵累凭借智慧，不用一兵一卒，使周王坐收其利。

【原文】

　　秦攻宜阳①，周君谓赵累②曰："子以为何如？"对曰："宜阳必拔也。"君曰："宜阳城方八里，材士③十万，粟支数年，公仲④之军二十万，景翠⑤以楚之众，临山⑥而救之，秦必无功。"对曰："甘茂⑦羁旅也，攻宜阳而有功，则周公旦⑧也；无功，则削迹⑨于秦。秦王不听群臣父兄⑩之议而攻宜阳，宜阳不拔，秦王耻之。臣故曰拔。"君曰："子为寡人谋，且奈何？"对曰："君谓景翠曰：'公爵为执圭⑪，官为柱国⑫，战而胜，则无加焉矣；不胜，则死。不如背秦，秦拔宜阳，公进兵，秦恐公之乘其弊也，必以宝事公；公仲慕公之为己乘秦也，亦必尽其宝。'"

【注释】

① 秦攻宜阳：周赧王七年（公元前308年），秦武王派甘茂攻宜阳，次年攻克。宜阳，韩国军事要塞，在今河南洛阳一带。

② 赵累：周臣，生平不详。

③ 材士：训练有素的士兵。

④ 公仲：韩国相国，名倗，一名侈（chǐ）。

⑤ 景翠：楚将。

⑥ 山：指伏牛山。

⑦ 甘茂：秦国名将，楚国下蔡（今安徽凤台）人，时为秦左丞相。

⑧ 周公旦：周武王同母弟，是辅佐周武王克商的重要功臣。周武王死后，他长期辅佐周成王，功勋卓著，是古人推崇的圣人。

⑨ 削迹：除名。

⑩ 群臣父兄：指秦国贵族群臣中反对甘茂的樗里疾、公孙郝等人。

⑪ 执圭：爵位名，即可以执玉圭（上尖下方的玉器）朝见君主，是楚国最高爵位。

⑫ 柱国：官名，楚国的最高武官，在令尹（宰相）之下、诸卿之上。

【译文】

秦国攻打韩国重镇宜阳，周君问赵累："你觉得这场战争的结果会怎样？"赵累回答道："宜阳必定会被攻破。"周君说："宜阳城方圆八里，城内有十多万英勇善战的士兵，还有可以支撑数年的粮食，韩国的相国公仲率领着二十万军队，再加上楚国大将景翠又率兵依山扎寨，伺机而动，寡人认为秦军一定无功而返。"赵累答道："甘茂客居秦国，如果攻下宜阳，就成了秦国的周公旦；一旦失败，他就无法继续在秦国立足。秦王不听群臣和贵戚的意见，执意进攻宜阳，宜阳打不下来他就会感到耻辱。因此我觉得宜阳必定会被攻破。"周君说："那你替寡人谋划一下，该做些什么？"赵累说："大王可以这样对景翠说：'将军爵位已是执圭，官职做到上柱国，即使打了胜仗，也无法加官晋爵了；一旦打了败仗，恐怕难逃一死。不如背离秦国，等秦国攻下宜阳后你再进兵。将军一旦进兵，秦国会害怕你乘虚攻打他们，一定会献出珍宝给你；而韩相公仲也会敬慕你帮他攻打秦国，也一定会把珍宝全部献上。'"

【原文】

秦拔宜阳，景翠果进兵。秦惧，遽效①煮枣②，韩氏果亦效重宝。景翠得城于秦，受宝于韩，而德东周。

【注释】

①效：献。

②煮枣：地名，在今山东菏泽西南，乃魏邑，此处恐有讹误。

【译文】

秦军攻破宜阳之后，景翠果然进兵。秦国很害怕，马上献出煮枣城，韩国果然也送给他很多珍宝。景翠从秦国得到城池，从韩国得到珍宝，因此非常感激东周。

名师点评

在秦、韩、楚围绕宜阳的争端中，如何获得利益最大化，这是极为重要的。周王朝因为赵累出色的谋略做到了这一点。赵累善于洞察复杂多变的局势，之后抽丝剥茧地分析利弊，因势利导地制定策略。一个深谋远虑的辩士形象跃然纸上。

延伸/阅读

九 鼎

　　九鼎是国家政权的象征，即王权至高无上、国家统一昌盛的象征。夏朝、商朝、周朝三代将其奉为代表国家政权的传国之宝。战国时，秦、楚等皆有兴师到周王城洛邑求鼎之事。秦兴师求鼎，就是想取代周室，成为天下的新主人。求鼎不是简单地索取几件器物，而是关系到周能否继续存在的大事。为了不再被索鼎，周显王时，九鼎被没于泗水之下。后世帝王也非常看重九鼎权力的象征意义，也曾多次重铸九鼎，武则天、宋徽宗也铸过九鼎。

思考问答

☆ 颜率用献出九鼎作为交换条件，为什么能够换取齐国出兵？

☆ 赵累把握到了怎样的局势，对周君又是怎样说的？

西周策

薛公以齐为韩、魏攻楚

名师导读

　　齐国孟尝君田文率领齐、韩、魏三国联军南征楚国、西伐秦国，并趁机向周王朝借兵求粮。周臣韩庆以设身处地为齐国着想的说辞打动了孟尝君，使其认识到伐楚的利益已为韩、魏所得，齐国将会逐渐变成弱干强枝的状态，继续攻打秦国会扩大韩、魏势力范围，韩、魏更强而齐国无收益，此消彼长，后果不堪设想。孟尝君接受了韩庆的意见，息兵归国。

【原文】

　　薛公①以齐为韩、魏攻楚②，又与韩、魏攻秦③，而藉兵乞食④于西周。韩庆⑤为西周谓薛公曰："君以齐为韩、魏攻楚，九年而取宛、叶⑥以北，以强韩、魏，今又攻秦以益之⑦。韩、魏南无楚忧，西无秦患，则地广而益重，齐必轻矣。夫本末更盛，虚实有时⑧，窃为君危之。君不如令弊邑阴⑨合于秦，而君无攻，又无藉兵乞食。君临⑩函谷⑪而无攻，令弊邑以君之情谓秦王⑫曰：'薛公必不破秦以张⑬韩、魏，所以进兵者，欲王令楚割东国以与齐也。'秦王出楚王⑭以为和，君令弊邑以此惠秦，秦得无破而

扫码看视频

以楚之东国自免也，必欲之。楚王出，必德齐，齐得东国而益强，而薛世世无患。秦不大弱而处之三晋⑮之西，三晋必重齐。"薛公曰："善。"因令韩庆入秦，而使三国无攻秦，而使不藉兵乞食于西周。

【注释】

①薛公：孟尝君田文，继承了父亲田婴的封地薛，所以称薛公。

②攻楚：周赧王十二年（公元前303年），齐、韩、魏三国联手攻打楚国。

③攻秦：孟尝君曾在秦国为相，逃回齐国后又任齐相。周赧王十七年（公元前298年），孟尝君率齐联合韩、魏攻打秦国，攻入了函谷关，秦国求和。

④藉兵乞食：借兵求粮。藉，通"借"。乞，乞求。

⑤韩庆：西周国臣子。

⑥宛、叶：均为楚国地名。宛，位于今河南南阳一带。叶，位于今河南叶县南。

⑦益之：指增强韩、魏的力量。益，增加，增强。

⑧本末更盛，虚实有时：树木的枝干盛衰更迭，强弱也会因时而发生变化。

⑨阴：私下，暗地里。

⑩临：守卫。

⑪函谷：秦关名，在今河南灵宝市北。

⑫秦王：指秦昭襄王，名嬴（yíng）稷（jì）。

⑬张：扩大，强大。

⑭出楚王：释放楚怀王。公元前299年，秦约楚怀王在武关相会，将其扣留。

⑮三晋：赵、魏、韩原为晋国三家大夫，后来三家分割晋国，故称三晋。

【译文】

薛公率领齐军帮助韩、魏攻打楚国，又联合韩、魏攻打秦国，向西周借兵马与粮草。韩庆为了西周的利益对薛公说："您用齐军替韩、魏两国攻打楚国，九年的时间才得到宛、叶以北的地方，壮大了韩、魏两国的力量，这次又要去攻秦，使韩、魏更加强大。韩、魏两国南面没有了楚国的忧患，西面没有了秦国的祸害，土地将越来越大，国家越来越强，齐国必将受到轻视。树木的主干与枝梢盛衰更迭，国力的强弱也会因时而发生变化，我私下替您感到不安。您不如让我们私下里与秦联盟，您就不用进攻秦国，也用不着借兵马粮草了。您驻军函谷关而不进攻，让我国把您的意思告诉秦王：'薛公一定不会攻破秦国来使韩、魏扩张势力，他之所以进军，不过是想让大王把楚国的东国地区割让给齐国罢了。'秦王必定会释放楚怀王来议和，您让我国用此事施惠于秦国，秦国可以不受破坏而只是用楚国的东国来免除祸患，一定会同意。楚怀王被释放，也会感激齐国的恩德，齐国得到东国也会更加富

强，您的封地薛邑也将世世代代没有忧患。秦国没受大的削弱，处于三晋的西面，三晋必定会重视齐国。"薛公回答说："很好。"于是命令韩庆出使秦国，停止三国攻打秦国的行动，不再向西周借兵马粮草。

点名师评

　　这是个游说成功的案例。其高明处在于韩庆没有直接说出周王朝不愿借兵借粮，而是另辟蹊径，从战后利益分配会导致对齐不利的后果来打动孟尝君。可见，说服他人一定要从对方的利益出发，这样才容易获得对方的认可，从而达到自己的目的。

雍氏之役

楚国攻打韩国雍氏，韩国因此向周国要军队和军粮。周王询问苏代解决的办法。苏代抓住楚、韩交战数月，双方均已无力继续打下去的问题实质，前往韩国说动相国公仲。最终不仅解决了周王的难题，还为周王带来意外之喜。

【原文】

雍氏①之役，韩征甲②与粟于周，周君患之，告苏代③。苏代曰："何患焉？代能为君令韩不征甲与粟于周，又能为君得高都④。"周君大悦，曰："子苟能，寡人请以国听。"

【注释】

①雍（yōng）氏：韩国地名，在今河南禹州东北。

②征甲：征兵。

③苏代：说客苏秦之弟，亦有苏秦之兄的说法。

④高都：韩国地名，在今洛阳西南。

【译文】

楚国攻打韩国的雍氏时，韩国向周国征兵求粮，周君很担心，便告诉了苏代。苏代说："有什么可担心的呢？我可以替您让韩国不向周国征兵求粮，还能使您获得韩地高都。"周王非常高兴，说："你若真能做到，我愿意把国家的事务交给你管理。"

【原文】

苏代遂往见韩相国公仲①，曰："公不闻楚计乎？昭应谓楚王②曰：'韩氏罢③于兵，仓廪④空，无以守城，吾收之以饥⑤，不过一月必拔之。'今围雍氏五月不能拔，是楚病也，楚王始不信昭应之计矣；今公乃征甲及粟于周，此告楚病也。昭应闻此，必劝楚王益兵守雍氏，雍氏必拔。"公仲曰："善。然吾使者已行矣。"代曰："公何不以高都与周？"公仲怒曰："吾无征甲与粟于周，亦已多矣！何为与高都？"代曰："与之高都，则周必折⑥而入于韩，秦闻之，必大怒而焚周之节⑦，不通其使。是公以弊⑧高都得完周也，何不与也？"公仲曰："善。"不征甲与粟于周而与高都，楚卒不拔雍氏而去。

【注释】

①公仲：韩国相国，名佣，一名侈（chǐ）。

②昭应：楚国之将。楚王：指楚怀王。

③罢：通"疲"，疲惫。

④仓廪（lǐn）：古时储藏谷物之所称之为仓，储米之所称为廪。

⑤收之以饥：趁韩国饥荒之机夺取雍氏。

⑥折：转过来。

⑦焚周之节：烧掉周国的信物，表示与周国绝交。节，使臣所拿的信物。

⑧弊：破败。

【译文】

苏代于是前往韩国拜见相国公仲，对他说道："难道您不了解楚国的计策吗？楚将昭应对楚王说：'韩国常年疲于兵祸，因而粮库空虚，毫无力量守住城池。我要乘韩国饥荒，率兵夺取韩国的雍氏，不到一个月，就可以攻下城池。'如今楚国包围雍氏已经五个月了，还不能攻克，这暴露了楚军的处境困窘，楚王已经开始不相信昭应的计策了；现在您竟然向周国征兵征粮，这分明是告诉楚国，韩国已经精疲力竭。如果昭应知道了，一定劝说楚王增兵包围雍氏，届时雍氏必然被攻陷。"公仲说："好。可是我国的使者已经出发了。"苏代说："您为什么不把高都之地送给周国呢？"公仲听后颇为愤怒，很生气地说："我不向周国征兵征粮，这已经很对得起周国了！为什么还要把高都送给它呢？"苏代说："假如您能把高都送给周国，那么周国会转而跟韩国修好，秦国知道以后，必然大为震怒，不仅会焚毁周国的符节，而且还会断绝使臣的来往。周国断了与其他国家的联盟，而单单与韩国交好，这样一来，阁下就是在用一个破烂的高都，换取一个完整的周国，阁下为什么不愿意呢？"公仲说："好吧。"于是韩国不向周国征兵征粮，还把高都送给了周国。楚军没能攻下雍氏，只好悻悻离去。

名师点评

能抓住问题的核心实质，把握事物发展的规律和方向，才会具有比一般人更高明的预见性和判断力。苏代不仅具有预判事态发展走向的能力，还能诱导他人按照自己的预判去实践，确实称得上老谋深算。

延伸/阅读

周天子

周朝君主是周朝时期的最高统治者，姬姓，黄帝后裔，又称周天子，如周武王、周平王等。公元前1046年，周武王灭商建周，实行分封制，周天子为天下之主，共传三十七王，后期周天子大权旁落，但仍为名义上的华夏最高统治者。春秋战国时期，礼坏乐崩，周文疲敝。周天子连名义上的天下共主都不是了，其权威被无视，被秦国兴虎狼之师进逼边境，而且经常被韩国敲诈勒索，穷得整日举债度日。

思考问答

☆ 韩庆说了什么使齐国薛公听后深感不安？

☆ 苏代做了什么事使周室得以化解矛盾、掌握主动权呢？

苏秦始将连横

名师导读

　　本篇是《战国策》中的名篇，讲述的是苏秦的发迹过程。苏秦最初主张连横，想帮助秦国打击六国，他的主张并没有得到秦惠王的采纳。尽管苏秦落魄潦倒，但并没有放弃努力，他从家里的数十箱藏书中，找到了一本太公《阴符》并发奋苦读。苏秦悉心体察天下大势，改变了自己的主张，从主张连横转向主张合纵。他先后游说燕王、赵王，他的主张得到了认可。从此苏秦开始发迹，在各国的游说都获得了成功，一人佩带六国的相印，穿行于六国之间，协调六国合纵，共同对付强大的秦国，成为天下举足轻重的大人物。亲人对待他的态度的戏剧性转变，更令后人唏嘘不已。

【原文】

　　苏秦①始将连横②说③秦惠王曰："大王之国，西有巴、蜀、汉中④之利，北有胡貉、代马⑤之用，南有巫山、黔中⑥之限，东有崤、函⑦之固。田肥美，民殷富，战车万乘，奋击⑧百万，沃野千里，蓄积饶多，地势形便，此所谓天府，天下之雄国也！以大王之贤，士民之众，车骑之用，兵法之教，可以并诸侯，吞天下，称帝而治。

愿大王少留意，臣请奏其效。"秦王曰："寡人闻之，毛羽不丰满者，不可以高飞；文章⑨不成者，不可以诛罚；道德不厚者，不可以使民；政教不顺者，不可以烦大臣。今先生俨然不远千里而庭教之，愿以异日。"

【注释】

①苏秦：战国时洛阳人，是当时有名的纵横家。

②连横：与合纵对称，同为军事策略。合众弱以攻一强为合纵，事一强以攻众弱为连横。后来连横主要指以秦国为主联合六国中的某一国以攻击其他国家，而合纵则指六国联合起来进攻秦国。

③说：游说。

④巴、蜀、汉中：地名。巴，指今重庆一带。蜀，指今四川一带。汉中，在今陕西南部及湖北西部。

⑤胡貉（hé）、代马：均指北方所产之物种。胡、代，地名。胡，现在的内蒙古南部。代，现在的山西东北部。

⑥巫山、黔中：地名。巫山，现在的重庆巫山东部。黔中，现在的贵州东北部与湖南西部地区。

⑦肴：山名，即崤山，在今河南洛宁北。函：关名，即函谷关，在今河南灵宝一带。

⑧奋击：代指浴血奋战的士兵。

⑨文章：这里指法度。

【译文】

苏秦开始对秦惠王提倡连横战略，他游说秦惠王道："大王的国家，在西边有巴、蜀、汉中等地的富饶物产，在北边有胡貉、代马之类的资财，在南边有巫山、黔中作为屏障，在东方又有崤山、函谷关这样坚固的要塞。土地肥沃，民殷国富；战车万辆，壮士百万；沃野千里，积蓄充足；地势便利，易守能攻，这正是天下有口皆碑的天府之国啊，秦国是真正雄踞天下的强国啊！依仗大王您的贤能，士卒及百姓的众多，战车等武器的作用之大，兵法及谋略的运用之妙，秦国完全有实力兼并诸侯，一统天下，而大王也能成为治理天下的帝王。希望大王能考虑一下这一策略，并允许臣详述怎样借此取得重大效果。"秦惠王说："寡人常听人说，羽翼不够丰满的鸟儿，不能高飞；法令不完备的国家，不能奖惩刑罚；道德不崇高的君主，不能统治万民；政策教化不顺应天意的君主，不能号令群臣。如今先生不远千里前往我秦国亲临指教，寡人内心不胜感激，不过还是等将来再说吧！"

【原文】

苏秦曰："臣固疑大王之不能用也。昔者神农伐补遂①，黄帝伐涿鹿②而禽蚩尤，尧伐驩兜③，舜伐三苗④，禹伐共工⑤，汤伐有夏⑥，文王伐崇⑦，武王伐纣，齐桓任战而伯天下。由此观之，恶有不战者乎？古者使车毂击驰⑧，言语相结，天下为一；约从连横，兵革不藏；文士并饬，诸侯乱惑；万端俱起，不可胜理；科条既备，民多伪态；书策稠浊，百姓不足；上下相愁，民无所聊；明言章理，兵甲愈起；辩言伟服⑨，战攻不息；繁称文辞，天下不治；舌弊耳聋，不见成功；行义约信，天下不亲。

"于是乃废文任武，厚养死士，缀甲厉兵⑩，效胜于战场。夫徒处⑪而致利，安坐而广地，虽古五帝、三王、五伯，明主贤君，常欲坐而致之，其势不能，故以战续之。宽则两军相攻，迫则杖戟相撞，然后可建大功。是故兵胜于外，义强于内；威立于上，民服于下。今欲并天下，凌万乘，诎⑫敌国，制海内，子元元⑬，臣诸侯，非兵不可！

今之嗣主忽于至道，皆惛于教，乱于治，迷于言，惑于语，沉于辩，溺于辞。以此论之，王固不能行也。"

【注释】

①补遂：古时部落名称。

②涿鹿：地名，位于现在的河北涿鹿县西南。

③驩（huān）兜：尧臣名。曾和共工互相勾结，后被流放。

④三苗：古时部落名称。

⑤共工：古时部落名称。

⑥有夏：夏朝。

⑦崇：商朝的一个附属小国，国君崇侯虎曾经协助纣王肆虐天下。

⑧车毂（gǔ）击驰：车轴相互撞击，说明出使人数特别多。

⑨伟服：华丽的服饰，代指策士。

⑩厉兵：磨砺兵器。厉，通"砺"。

⑪徒处：无所作为。

⑫诎：屈服，折服。

⑬元元：百姓，人民。

【译文】

苏秦说："我本来就猜度大王不会听取我的意见。从前神农攻打补遂，黄帝攻伐涿鹿擒获蚩尤，唐尧流放驩兜，虞舜攻打三苗，大禹讨伐共工，商汤征服夏桀，周文王攻击崇侯虎，周武王歼灭商纣，齐桓公以战争称雄天下。这样看来，一个国家若想称霸天下，哪有不经过战争就轻易达到目的的呢？从前各国使臣的车马堵塞道路，奔走不休，各国相互缔结口头盟约，谋求天下统一；名义上是讲究合纵连横，实则战争不息；说客与谋士们进行巧辩和权诈之术，导致诸侯慌乱疑惑；一切纠纷都从此而起，简直复杂到无从下手的地步；章程和法律都完备的国家，人们却经常行为虚伪；文书、政令杂乱无章，百姓生活窘乏不足；君臣上下都愁眉苦脸，百姓无所依靠；法令规章和道理讲得越明白，发生的战争越多；能言善辩、服饰华丽的策士越多，战争越无休止；不管有多少繁杂的称引、华丽的文辞，天下都无法太平；说客的舌头都磨破了，听的人耳朵都聋掉了，却没有什么成效；即使做事讲义气、守信用，天下也不能和平安乐。

"于是废黜文臣而举任武将，并厚禄供养敢死之士，为他们制作好各种甲胄，磨光各种刀枪，然后他们就到战场上去争胜负。没有行动却想着使国家富强，安居不动却想着使国土扩大，即使是上古五帝、三王、五霸那样的明主贤君，也想不废刀兵而获得这一切，然而事实是不可能的，所以唯有用战争手段才能达成国家富强的目的。相距甚远的就摆开阵势互相攻伐，距离很近的就短兵相杀，这样才能建立伟大功业。所以对外要靠战争制胜，对内要靠施行仁义来巩固统治；上面的国君有了威信，下面的百姓自然就服从了。现在如若想要兼并天下，夺取王位，征服敌国，辖制海内，治理百姓，号令诸侯，实在是非武力而不能成！可是如今当政的君主，却都忽视了这个最重要的道理，不仅不懂得教化人民，不修明政治，反而会常被一些诡辩之士的言论迷惑，沉溺在游说之士的辩词中。照这样看来，难怪大王不肯采纳我的意见。"

【原文】

说秦王书十上而说不行。黑貂之裘弊，黄金百斤尽，资用乏绝，去秦而归。羸①縢②履③屩④，负书担橐⑤，形容枯槁，面目犁黑，状有归⑥色。归至家，妻不下纴，嫂不为炊，父母不与言。苏秦喟然叹曰："妻不以我为夫，嫂不以我为叔，父母不以我为子，是皆秦之罪也。"乃夜发书，陈箧数十，得太公《阴符》⑦之谋，伏而诵之，简练以为揣摩。读书欲睡，引锥自

扫码看视频

刺其股，血流至足。曰："安有说人主不能出其金玉锦绣，取卿相之尊者乎？"期年，揣摩成，曰："此真可以说当世之君矣。"

【注释】

①赢（léi）：包扎缠绕。

②滕（téng）：绑腿布。

③履：鞋。这里用作动词，脚上穿鞋。

④屩（jué）：草鞋。

⑤橐（tuó）：口袋。

⑥归：通"愧"，羞愧。

⑦太公：指姜太公。他是大智之人，擅长用兵用人，周国的开国元勋，封地于齐。《阴符》：相传是太公所著的兵法权术之作。

【译文】

游说秦王的奏疏上呈了十次，但都没有被采纳。黑貂皮衣都被穿破了，百斤黄金也都被花完了，没有了生活之资，他只能离开秦国返回家中。他腿上缠着绑腿布，脚上穿着草鞋，背着书籍，担着行囊，面目憔悴，脸色黄黑，还带着些许愧色。回到家中，妻子并没有放下织布机出来迎接，嫂子也不给他做饭，父母也不跟他说话。苏秦长叹一声道："妻子不把我当丈夫，嫂子不把我当小叔子，就连父母也不当我是儿子，这些都是我自己的罪过啊。"于是晚上他就开始找书，几十个书箱都打开了，终于找到太公《阴符》这部讲谋略权术的书，就埋头苦读起来，并挑选精要反复钻研。看书觉得困了就用铁锥刺自己的大腿，血都流到了脚跟。苏秦说："哪里会有游说君王而不能让他们拿出金玉锦绣相赠，并取得卿相这样的高官之位的呢？"一年之后，苏秦钻研有所心得，说道："这下真的有把握说服当世的君王了。"

【原文】

　　于是乃摩燕乌集阙①，见说赵王②于华屋之下，抵掌而谈。赵王大悦，封为武安君，受相印，革车百乘，锦绣千纯，白璧百双，黄金万溢③，

以随其后，约从散横，以抑强秦。故苏秦相于赵而关不通。当此之时，天下之大，万民之众，王侯之威，谋臣之权，皆欲决苏秦之策。不费斗粮，未烦一兵，未战一士，未绝一弦，未折一矢，诸侯相亲，贤于兄弟。夫贤人在而天下服，一人用而天下从。故曰，式④于政，不式于勇；式于廊庙之内，不式于四境之外。当秦之隆，黄金万溢为用，转毂连骑，炫燧于道，山东之国，从风而服，使赵大重。且夫苏秦特穷巷掘门、桑户棬枢之士耳⑤，伏轼撙衔⑥，横历天下，廷说诸侯之王，杜左右之口，天下莫之能伉。

【注释】

　　①燕乌集阙：关塞名称。

　　②赵王：赵肃侯。

　　③溢：通"镒"，古时候的重量单位，一镒相当于二十两。

　　④式：解决。

　　⑤且夫苏秦特穷巷掘门、桑户棬（quān）枢之士耳：这两句极力说明了苏秦出身十分贫贱。掘门，在墙上挖洞做门。棬枢，用弯木做门框。

　　⑥伏轼撙（zǔn）衔：指乘车骑马，说明苏秦现在的显贵。轼，车前面的横木。撙，勒住。衔，马勒口。

【译文】

于是苏秦取道燕乌集阙来到赵国，在富丽堂皇的宫殿里游说赵王，二人谈得甚是投机。赵王听了大喜过望，当即封他为武安君，赐给他相印，并赏他兵车一百辆，锦绣一千匹，白璧一百双，黄金万镒，车载尾随其后，到各国去约定合纵，拆散连横，以此压制强秦。因此，当苏秦在赵国做相国时，秦国不敢出兵函谷关。当时，广大的天下、众多的百姓、威武的诸侯、掌权的谋臣，都要听苏秦一人的决策。苏秦没耗费一斗军粮，没征用一个兵卒，没派遣一员大将，没用坏一把弓，没损失一支箭，就使天下诸侯和睦相处，甚至比亲兄弟还要亲近。由此可见，只要有贤明人士主政，天下就会顺服稳定；只要有这样的一个人得到合适的任用，天下就会服从。所以说，应该运用政治手段解决问题，而不必用武力征服来处理一切；要在朝廷上慎谋策划、运筹帷幄，而不必到边疆上去厮杀作战。当苏秦权势显赫、红极一时的时候，黄金万镒供他使用，他所指挥的战车和骑兵连接不断，所到之处都显得威风八面，崤山以东的各诸侯国，莫不望风听从他的号令，赵国的地位也大大提高。其实苏秦此人，当初只不过是一个住在陋巷，掘墙做门，砍桑做窗，用弯曲的木头做门框的穷人罢了。但现在的他却常常坐在豪华的四马战车上，骑着高头大马游历天下，在各诸侯国的朝廷上游说君王，使各诸侯王的亲信不敢开口，天下没有谁敢与他对抗了。

【原文】

将说楚王，路过洛阳。父母闻之，清宫除道，张乐设饮，郊迎三十里。妻侧目而视，倾耳而听；嫂蛇行匍伏，四拜自跪而谢。苏秦曰："嫂何前倨而后卑也？"嫂曰："以季子①之位尊而多金。"苏秦曰："嗟乎！贫穷则父母不子，富贵则亲戚畏惧。人生世上，势位富贵，盖可忽乎哉？"

【注释】

①季子：苏秦的字，也有人认为是对小叔子的尊称。

【译文】

苏秦要去游说楚威王，路过洛阳。父母得知，就赶紧整理房间，清扫道路，雇用乐队，准备酒席，到郊外三十里的地方去迎接。妻子对他十分敬畏，不敢正视他的威仪，侧着耳朵听他说话；而嫂子跪在地上不敢站起，像蛇一样爬到他的面前，对他一再叩头请罪。苏秦问："嫂子，你为什么以前那样傲慢，而现在又这样谦卑呢？"他嫂子答："因为现在您地位尊显、钱财颇多。"苏秦长叹一声说道："唉！一个人在穷困落魄时，连父母都不把他当儿子，然而一旦富贵显赫之后，亲戚朋友都感到畏惧。由此可见，一个人活在世界上，权势和富贵怎么能忽视不顾呢？"

名师点评

本文运用对比的手法突出了战国著名策士苏秦的形象。苏秦出身寒微，当游说秦王失败后，能知耻后勇，以锥刺股，发奋苦读，使自己成为一个博古通今、能言善辩、妙语连珠、善于运筹帷幄的出色纵横家。其性格是鲜明的，形象是励志的。在写苏秦得势前后，家人不同态度的同时，又反映了战国时代崇尚功利、淡薄亲情的世态炎凉。本文有些地方虽与史实不符，但具有概括性和代表意义，表现出鲜明的文学色彩。一些人物描写也非常生动，比如写苏秦落魄时的窘况，绘其嫂"蛇行匍伏"的丑态，十分传神。

陈轸去楚之秦

战国时期，各国冲突严重而持久，人与人之间的矛盾也无处不在。陈轸面对他人的诬陷，沉着自辩，利用一个日常生活中的小故事，获得了秦惠王的信任，并从中说明判断忠奸的道理。

【原文】

陈轸①去楚之秦。张仪谓秦王②曰："陈轸为王臣，常以国情输楚，仪不能与从事，愿王逐之。即复之楚，愿王杀之。"王曰："轸安敢之楚也。"

【注释】

①陈轸（zhěn）：战国时期齐国人，纵横家、谋士。
②秦王：秦惠王。

【译文】

陈轸离开楚国来到秦国。张仪对秦王说："陈轸是您的大臣，常常把秦国的机密透露给楚国，我不能和这样的人共事，请大王驱逐他。如果他再想回楚国，请大王杀了他。"秦王说："陈轸怎么敢再回楚国呢。"

【原文】

王召陈轸告之曰："吾能听子言，子欲何之？请为子车约^①。"对曰："臣愿之楚。"王曰："仪以子为之楚，吾又自知子之楚，子非楚，且安之也！"轸曰："臣出，必故之楚，以顺王与仪之策，而明臣之楚与不^②也。楚人有两妻者，人诛^③其长者，长者詈之；诛其少者，少者许之。居无几何，有两妻者死。客谓诛者曰：'汝取长者乎？少者乎？'曰：'取长者。'客曰：'长者詈汝，少者和汝，汝何为取长者？'曰：'居彼人之所，则欲其许我也。今为我妻，则欲其为我詈人^④也。'今楚王，明主也；而昭阳^⑤，贤相也。轸为人臣，而常以国情输楚王^⑥，王必不留臣，昭阳将不与臣从事矣。以此明臣之楚与不。"

【注释】

①车约：当作"约车"。约，准备。

②不：同"否"，下同。

③诛（tiǎo）：挑逗，引诱。后多作"挑"。

④欲其为我詈（lì）人：言欲其忠于己。詈，骂。

⑤昭阳：楚怀王柱国（军政首脑）。

⑥楚王：楚怀王。

扫码看视频

【译文】

秦王召见陈轸，对他说："我能听你说说，你想前往何处？请让我为你准备好车马。"陈轸说："我想回到楚国。"秦王说："张仪认为你想到楚国去，我也知道你要到楚国去，除了楚国，你还能到哪里去呢！"陈轸说："我离秦必然故意到楚国去，以顺从大王和张仪的想法，这样来证明我是否倾向楚国。楚国有个人娶了两个妻子，有人调戏那个年龄较大的，受到责骂；调戏那个年龄较小的，她就答应了。过了不久，有两个妻子的那个人死了。旁人对调戏的人说：'你娶年龄大的还是年龄小的？'调戏的人答道：'娶年龄大的。'旁人说：'年龄大的骂你，年龄小的顺着你，你为什么还要娶年龄大的呢？'他回答：'当她做别人妻子时，就希望她答应我的要求；现在做我的妻子，就希望她为我去骂别人。'现在楚王是一个明智的君主，昭阳是贤明的丞相。我作为秦国的臣子，如果常把本国的情况泄露给楚国，楚王必然不会留下我，昭阳也就不会和我合作共事了。我将用这样的行动来证明我是否倾向楚国。"

【原文】

轸出，张仪入，问王曰："陈轸果安之？"王曰："夫轸天下之辩士也。孰视①寡人曰：'轸必之楚。'寡人遂无奈何也。寡人因问曰：'子必之楚也，则仪之言果信矣！'轸曰：'非独仪之言也，行道之人皆知之。昔者子胥忠其君，天下皆欲以为臣；孝己爱其亲，天下皆欲以为子。故卖仆妾不出里巷而取者，良仆妾也；出妇嫁于乡里者，善妇也。臣不忠于王，楚何以轸为？忠尚见弃，轸不之楚而何之乎？'"王以为然，遂善待之。

扫码看视频

【注释】

①孰视：仔细地看。

【译文】

陈轸出去，张仪进来，问秦王说："陈轸究竟会到哪里去？"秦王说："陈轸是天下最能言善辩的人。他注视着寡人说：'我定会到楚国去。'我对他就是没有办法。我就问他道：'你一定要到楚国去，那么张仪的话果然说对了！'陈轸说：'不仅仅张仪这么说，路上的行人都知道会这样。从前，伍子胥对他的君主尽忠，天下都想让他做自己的臣子；孝己爱他的父母，天下都想让他做自己的儿子。所以卖奴仆不离开里巷就卖掉的，定是好奴仆啊；被弃的妇人嫁到本乡本土的，定是好妇人啊。如果我对大王不忠心，楚国又怎么会让我做他的臣子呢？忠心尚且被抛弃，我不到楚国，又能到哪里去呢？"秦王认为他说得对，就好好对待他。

名师点评

　　陈轸的自辩妙趣横生。最重要的是通过他所述故事揭示了一个常识：自私的人，对人对己常常采用双重标准。并由此指出做人忠诚，无论上下都放心；做人阳奉阴违，做事朝秦暮楚，是不会有人愿意与他合作的。

齐助楚攻秦

名师导读

纵横家的对决是很有趣的事。张仪在这篇文章中充当了"国际骗子"，用空头许诺就将楚怀王玩弄于股掌之间，诱惑楚怀王断绝了与友邦齐国的友好睦邻关系。陈轸看穿了张仪的把戏，前后两次向楚怀王提出补救措施，被贪欲蒙蔽了灵智的楚怀王无法看清问题的实质，痛失良机，最后被秦、齐、韩联军击败。

【原文】

　　齐助楚攻秦，取曲沃①。其后秦欲伐齐，齐、楚之交善②，惠王患之，谓张仪曰："吾欲伐齐，齐、楚方欢，子为寡人虑之，奈何？"张仪曰："王其③为臣约车并币，臣请试之。"

【注释】

　　①曲沃：地名，此时为秦地，位于今天的河南陕县境内。
　　②交善：相交亲密友好。
　　③其：语气词，在此表示祈使语气。

【译文】

　　齐国帮助楚国进攻秦国，攻下了曲沃。后来秦国想要进攻齐国，可是由于齐、楚相交甚好，秦惠王很忧虑，就对张仪说："寡人想要发兵攻齐，无奈齐、楚两国关系正密切，请贤卿为寡人考虑一下，怎么办才好？"张仪说："请大王为臣准备车马和礼物，让臣去试试看。"

【原文】

张仪南见楚王曰："弊邑之王所说①甚者，无大②大王；唯仪之所甚愿为臣者，亦无大大王。弊邑之王所甚憎者，亦无先齐王；唯仪之甚憎者，亦无大齐王。今齐王之罪，其于弊邑之王甚厚，弊邑欲伐之，而大国与之欢，是以弊邑之王不得事令，而仪不得为臣也。大王苟能闭关绝齐，臣请使秦王献商於之地③，方六百里。若此，齐必弱，齐弱则必为王役矣。则是北弱齐，西德于秦，而私商於之地以为利也，则此一计而三利俱至。"

【注释】

①说：同"悦"，喜悦、喜爱之意。

②大：大于，超过。

③商於（wū）之地：指今陕西商州以南直至汉中的广大地区。

【译文】

张仪去南方见楚怀王说："敝国君主最喜欢的人，莫过于大王了；我最乐意做的臣子，也莫过于大王您的臣子了。敝国君主最痛恨的人，莫过于齐王；而臣张仪最讨厌的人，也莫过于齐王。现在对秦王来说，齐国的罪恶是最深重的，因此秦国准备发兵征讨齐国，无奈贵国跟齐国交好，致使秦王无法为您效劳，我也不能做您的臣子。如果大王能关起国门跟齐断绝邦交，我愿意让秦王献上方圆六百里的商於之地。如此一来，齐必定衰弱，齐国力削弱以后，就必然听从大王号令。由此看来，大王如果能这样做，楚国不但在北面削弱了齐国的势力，又在西面对秦国施有恩惠，同时更获得了商於之地，这真是一举三得的上策。"

【原文】

楚王大说①，宣言之于朝廷曰："不穀②得商於之田，方六百里。"群臣闻见者毕贺，陈轸后见，独不贺。楚王曰："不穀不烦一兵，不伤一人，而得商於之地六百里，寡人自以为智矣！诸士大夫皆贺，子独不贺，何也？"陈轸对曰："臣见商於之地不可得，而患必至也，故不敢妄贺。"王曰："何也？"对曰："夫秦所以重王者，以王有齐也。今地未可得而齐先绝，是楚孤也，秦又何重孤国？且先出地后绝齐，秦计必弗为也；先绝齐后责③地，且必受欺于张仪；受欺于张仪，王必惋之。是西生秦患，北绝齐交，则两国兵必至矣。"楚王不听，曰："吾事善矣！子其弭口④无言，以待吾事。"楚王使人绝齐，使者未来，又重绝之。

【注释】

①说：同"悦"。

②不穀（gǔ）：王侯自谦的称呼。

③责："债"的古字。要债，索取。

④弭（mǐ）口：闭上嘴巴。

【译文】

　　楚怀王非常高兴，在朝中宣布："寡人已经从秦国得到商於方圆六百里的土地！"群臣听了都一致向怀王道贺，唯独客卿陈轸最后觐见，不向怀王道贺。怀王就问："寡人不发一兵一卒，就得到商於方圆六百里的土地，寡人自认为很聪明了，朝中文武百官都向寡人道贺，偏只有贤卿一人不道贺，这是为什么？"陈轸回答说："因为我认为，大王不但得不到商於之地，反而会招来祸患，所以臣才不敢随便向大王道贺。"怀王问："什么道理呢？"陈轸回答说："秦王之所以重视大王，是因为楚国有齐国这样一个强大的盟邦。如今地还不一定能得到，大王就先跟齐国断绝邦交，如此就会使楚国陷于孤立状态，秦国又怎会重视一个孤立无援的国家呢？何况如果先让秦国割让土地，楚国再跟齐国断绝邦交，秦国必不肯这样做；要是楚国先跟齐国断交，然后再向秦国要求割让土地，那么必然受到张仪的欺骗。受了张仪的欺骗，大王必然懊悔万分。结果西面惹出秦国的祸患，北面切断了齐国的后援，这样秦、齐两国的军队都将进攻楚国。"楚王不听从他的意见，说："我的事做得很好，你就闭口，不要再多说了，等待寡人完成此事吧！"于是怀王就派使者跟齐国断绝邦交，还没等使者回来，楚王竟急着再次派人去与齐国绝交。

【原文】

　　张仪反，秦使人使齐，齐、秦之交阴合①。楚因使一将军受地于秦。张仪至，称病不朝。楚王曰："张子以寡人不绝齐乎？"乃使勇士往詈齐王。张仪知楚绝齐也，乃出见使者，曰："从某至某，广从②六里。"使者曰："臣闻六百里，不闻六里。"仪曰："仪固以小人，安得六百里？"

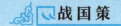

【注释】

①阴合：暗地里结盟。

②广从：宽与长，即方圆之意。从，同"纵"。

【译文】

张仪回到秦国，秦王就派使者前往齐国游说，齐、秦的盟约暗暗缔结成功。楚国派一名将军去秦国接收土地。张仪为了躲避楚国的索土使臣，竟然装病不上朝。楚怀王说："张仪以为寡人没有跟齐国断交吗？"于是楚怀王就派了一名勇士前去齐国骂齐王。张仪在证实楚、齐确实断交以后，才出来接见楚国的使臣，说："敝国赠送贵国的土地，是这里到那里，方圆总共是六里。"楚国使者说："臣听说是六百里，却没有听说是六里。"张仪说："我在秦国只不过是一个微不足道的官，怎么能给六百里呢？"

【原文】

使者反报楚王，楚王大怒，欲兴师伐秦。陈轸曰："臣可以言乎？"王曰："可矣。"轸曰："伐秦非计也。王不如因而赂之一名都，与之伐齐，是我亡于秦而取偿于齐也。楚国不尚全乎？王今已绝齐，而责欺于秦，是吾合齐、秦之交也，国必大伤。"楚王不听，遂举兵伐秦。秦与齐合，韩氏从之，楚兵大败于杜陵①。故楚之土壤、士民非②削弱，仅以救亡者，计失于陈轸，过听于张仪。

【注释】

①杜陵：楚国之地，在今陕西旬阳一带。

②非：在此指不但，不仅。

【译文】

　　楚国使节回国报告楚怀王，怀王大怒，准备发兵去攻打秦国。这时陈轸表示："我可以说话吗？"怀王说："可以。"于是陈轸说："攻打秦国，绝对不是一个好办法。大王不如趁此机会，送给秦一座大城，跟秦连兵伐齐，这样可以把损失在秦国手里的土地再从齐国得回来，这不就等于楚国没有损失吗？大王既然已经跟齐国绝交，现在又去责备秦国的失信，这等于是在加强秦、齐两国的联合，楚国必受大害！"楚怀王仍然没有采纳陈轸的忠谏，而是发兵去攻打秦国。秦、齐两国联合，同时韩国也加入了他们，结果楚军在杜陵惨败。可见，楚国的土地并非不大，而人民也并非比其他诸侯国的软弱，却弄得几乎要亡国，就是由于怀王没有采纳陈轸的忠实良言，而过于听信张仪的诡诈游说。

名师点评

　　"财帛动人心"，被贪欲蒙蔽心智的楚怀王变得智商如此低下，确实值得我们深思。面对"天上掉馅饼"的好事时，一定要冷静分析，妥善处理，因为"天下没有免费的午餐"。另外"苦口良药利于病，忠言逆耳利于行"，面对不同的意见、建议一定要慎重处理。

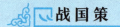

甘茂亡秦且之齐

名师导读

甘茂遭谗毁后，在逃离秦国去齐国的路上遇见了苏代，于是通过一个家贫无烛照明的少女的故事，巧妙地向苏代表达了自己对他的依附，并希望获得苏代的帮助。苏代被甘茂打动，就从秦、齐各自国家的利害关系入手，说服了秦、齐的国君，使甘茂重新获得秦、齐国君的重视。

【原文】

甘茂亡秦且之齐，出关遇苏子①，曰："君闻夫江上之处女乎？"苏子曰："不闻。"曰："夫江上之处女，有家贫而无烛者，处女相与语，欲去②之。

【注释】

①苏子：指苏代。
②去：赶走。

【译文】

甘茂离开秦国将要逃往齐国，走出函谷关时，遇见了苏代，他对苏代说："请问先生听说过江上摆船少女的故事吗？"苏代回答说："没听说过。”甘茂说：“江上摆船少女中，有一个家里贫困到没有蜡烛点的人，其他少女互相商量，想赶走她。

【原文】

“家贫无烛者将去矣，谓处女曰：‘妾以无烛，故常先至，扫室布席，何爱①余明之照四壁者？幸以赐妾，何妨于处女？妾自以有益于处女，何为去我？’处女相语以为然而留之。

【注释】

①爱：吝惜。

【译文】

“这个家里穷到没蜡烛点的少女在快要离开时对她们说：‘我因为家里没蜡烛，所以经常先到，打扫房间，铺席子，你们何必吝惜那照在四壁上的一点点蜡烛余光呢？大方地赐给我，对你们有什么妨碍呢？我自认为住在这里对各位有很多帮助，你们为什么要把我赶出去呢？’少女们经过一番商议，都觉得这个贫家少女说得很有道理，于是就又把她留了下来。

【原文】

“今臣不肖①，弃逐于秦而出关，愿为足下扫室布席，幸无我逐也。”苏子曰：“善。请重公于齐。”

【注释】

①不肖：指没有才能。

【译文】

　　"如今臣实在无能，所以才被秦抛弃，不得不出关，我愿意为先生打扫房间铺席子，希望先生不要赶我走。"苏代说："好的！我想办法让齐国重用阁下。"

【原文】

　　乃西说秦王曰："甘茂，贤人，非恒士①也。其居秦累世重矣，自殽塞、谿谷，地形险易尽知之。彼若以齐约韩、魏，反以谋秦，是非秦之利也。"秦王曰："然则奈何？"苏代曰："不如重其贽②、厚其禄以迎之。彼来则置之槐谷，终身勿出，天下何从图③秦？"秦王曰："善。"与之上卿，以相迎之齐。甘茂辞不往。

【注释】

　　①恒士：普通人。
　　②贽（zhì）：初次见人时所送的礼物。
　　③图：图谋。

【译文】

　　于是苏代就西去秦国游说秦王："甘茂是一位贤才，不是平庸之辈。秦几代先王都重用他，从殽山和谿谷等要塞起，所有的战略地形他都了如指掌。他如促使齐去联合韩、魏，反过来再率兵攻打秦国，那就对秦国很不利了！"秦王说："那可怎么办呢？"苏代说："最好是用贵重的礼物和优厚的俸禄，迎接甘茂回来。他来了就把他安顿在槐谷，一辈子不让他出来，天下人还能从什么地方算计秦国呢？"秦王说："好。"于是秦王就赐给甘茂上卿的官爵，拿相印到齐国去迎接他。甘茂推辞，不肯前往。

【原文】

苏代为谓齐王曰："甘茂，贤人也。今秦与之上卿，以相迎之，茂德①王之赐，故不往，愿为王臣。今王何以礼之？王若不留，必不德王。彼以甘茂之贤，得擅用强秦之众，则难图也！"齐王曰："善。"赐之上卿，命而处之。

【注释】

①德：感激。

【译文】

苏代替他对齐王说："甘茂是一个贤能的人。现在秦王赐他上卿的官职，拿相印迎接他，甘茂感激大王您对他的赏识，所以不愿意去秦国，情愿做大王的一名臣子。不知大王准备如何重用他？大王如果不挽留他，那他就必然不再感激大王的恩德。凭甘茂的超人才干，再加上他最善于指挥秦兵作战，万一他真的被秦国请回去，那齐国以后就难以抵抗强秦了！"齐王说："贤卿的话非常对！"于是齐王就授甘茂上卿的官职，特别加以优待，让他居住在齐国。

点师名评

此篇给读者多方面的启迪。一是甘茂讲的贫女故事告诉人们：一个普通人只要有心行善，就能给他人带来方便和快乐。二是通过甘茂的经历，说明无论是跌落人生低谷，还是走入困境，只要不气馁，努力寻觅一切机遇来改变处境，便可再创人生辉煌。此外，苏代利用甘茂曾展现出来的能力来威胁秦、齐国君，借助锋芒毕露的措辞将未来的风险描绘得扑朔迷离，使听者深信不疑，尽显其营造气势的语言魅力。

范雎至秦

名师导读

范雎从魏入秦，取得秦王信任的方法是以退为进。首先强调自己的身份卑微，继而表明自己位卑未敢忘忧国的赤子之心。见秦王始终如一地信任自己，才进一步提出了著名的秦国"远交近攻"的策略，分析了从攻齐到联齐攻韩、魏等国家战略变化的利弊，为秦国的崛起奠下坚实的基础。

【原文】

范雎①至秦，王②庭迎，谓范雎曰："寡人宜以身受令久矣。今者义渠③之事急，寡人日自请太后。今义渠之事已，寡人乃得以身受命。躬窃闵然不敏，敬执宾主之礼。"范雎辞让。

【注释】

①范雎（jū）：战国时魏人，字叔，著名辩士，因得罪魏相魏齐，受笞几乎死去，后被郑安平所救，改名张禄，由秦国使者王稽带入秦国，后封应侯。

②王：指秦昭王，名稷，公元前306—公元前251年在位。

③义渠：羌族所建立的小国。

【译文】

范雎来到秦国，秦王在宫殿前的庭院里迎接他。秦王对他说："我早就该亲自聆听您的教诲了。近来恰好碰上要处理义渠的问题，我每天都得向太后请示。现在义渠的事已经办完，我这才有机会亲自接受您的教导。我深感自己行动迟缓，没能及时接见您，请让我现在恭行宾主之礼吧！"范雎表示谦让。

【原文】

是日见范雎，见者无不变色易容者。秦王屏左右，宫中虚无人。秦王跪①而请曰："先生何以幸教寡人？"

范雎曰："唯唯。"有间，秦王复请。范雎曰："唯唯。"若是者三。

【注释】

①跪：古人席地而坐，坐时臀部压在脚跟上。跪是谈话时为了表示敬意，就抬起臀部，挺直大腿。

【译文】

这天在场见此情景的人，脸上无不表现出敬畏的神情。秦王让身旁的人退下，宫中已没有旁人。秦王挺直腰腿，诚恳地向范雎请教说："先生将如何赐教于我呢？"

范雎只是回答："是，是。"片刻之后，秦王又一次请求赐教，范雎仍回答："是，是。"一连三次都是这个样子。

【原文】

秦王跽①曰："先生不幸教寡人乎？"范雎谢曰："非敢然也。臣闻始时吕尚②之遇文王也，身为渔父而钓于渭阳之滨耳，若是者，交疏也。已一说而立为太师，载与俱归者，其言深也。故文王果收功于吕尚，卒擅天下而身立为帝王。即使文王疏吕望而弗与深言，是周无天子之德，而文、武无与成其王也。今臣羁旅③之臣也，交疏于王，而所愿陈者，皆匡君之事，处人骨肉之间，愿以陈臣之陋忠，而未知王心也，所以王三问而不对者是也。

【注释】

①跽（jì）：双膝着地，上身挺直，表示敬意加深。

②吕尚：人名，即姜太公，又称姜子牙。姜子牙曾辅佐周文王伐纣，后辅佐文王之子武王伐商建立周朝。

③羁旅（jī）：指客居异乡。

【译文】

秦昭王又挺直上身，更加恭敬地恳请道："先生您难道不想赐教于我吗？"范雎道歉说："我并不敢如此。我曾听闻姜太公吕尚遇到周文王之前，只是一个渔夫而已，在渭河边垂钓，当时这两个人的交情是如此疏浅。后来吕尚向周文王进言就被封为太师，与周文王一起乘车归去，这是因为吕尚的话已经深为周文王所认可。因此周文王果真因为重用了吕尚而立下了功业，最终统领天下，自己也成了帝王。假若周文王疏离吕尚，不愿和他深谈，这样周朝也不会有天子的圣德了，周文王、周武王也成就不了帝王之业。如今我仅仅是一个客居秦国的人而已，与大王交情十分疏浅，但是我想要说的又都是匡正您朝廷政务的事，是您与您的骨肉至亲之间的事，我愿意尽我的愚忠，但是又不清楚大王的想法如何，因此您问了我三次，我都不敢回答。

【原文】

"臣非有所畏而不敢言也，知今日言之于前，而明日伏诛于后，然臣弗敢畏也。大王信行臣之言，死不足以为臣患，亡不足以为臣忧，漆身而为厉，被发而为狂，不足以为臣耻。五帝①之圣焉而死，三王②之仁焉而死，五伯③之贤焉而死，乌获④之力焉而死，奔、育⑤之勇焉而死。死者，人之所必不免也。处必然之势，可以少有补于秦，此臣之所大愿也，臣何患乎？

【注释】

①五帝：指中国历史上早期非常贤明的五位帝王，分别是黄帝、颛（zhuān）项（xū）、帝喾（kù）、尧、舜。

②三王：战国之前的三个朝代（夏、商、周）贤明的帝王，一般指夏禹、商汤、周文王。

③五伯：春秋时期的五位霸主。

④乌获：秦武王时期非常有名的大力士。

⑤奔、育：战国时期非常骁勇的两位勇士，即孟奔和夏育。

【译文】

"我并非因为害怕才不敢向您进言，我很清楚我今天在大王您面前进言，也许明日就会被诛杀，但是我并不害怕。大王您能采纳我的意见，即使是死我也不会害怕；即使是流放逃亡，我也不会忧心；即使身上涂漆生癞，成了披头散发的疯子，我也不会觉得耻辱。即使是三王、五帝、五霸这样的圣贤之人也终究会死亡，即使乌获这样有力量的人，孟奔、夏育这样勇敢的人也终究会死亡。死，是每个人都无法避免的。面对无法更改的必然趋势，能够稍稍对秦国有所增益，这是我最大的愿望，我还担心什么呢？

【原文】

"伍子胥橐①载而出昭关，夜行而昼伏，至于菱水②，无以饵其口，坐行蒲服，乞食于吴市，卒兴吴国，阖庐③为霸。使臣得进谋如伍子胥，加之以幽囚，终身不复见，是臣说之行也，臣何忧乎？箕子、接舆④，漆身而为厉，被发而为狂，无益于殷、楚。使臣得同行于箕子、接舆，可以补所贤之主，是臣之大荣也，臣又何耻乎？臣之所恐者，独恐臣死之后，天下见臣尽忠而身蹶⑤也，是以杜口裹足，莫肯即秦耳。足下上畏太后之严，下惑奸臣之态；居深宫之中，不离保傅之手；终身暗惑，无与照奸。大者宗庙灭覆，小者身以孤危，此臣之所恐耳。若夫穷辱之事、死亡之患，臣弗敢畏也。臣死而秦治，贤于生也。"

【注释】

①橐：一种口袋。

②菱（líng）水：溧（lì）水，源出今安徽芜湖，经江苏入太湖。

③阖庐：吴国君主，春秋末年在伍子胥的帮助下复兴了吴国。

④箕子、接舆：俱人名。箕子，商纣王的叔父，因不满纣王的昏庸无道而假装癫狂。接舆，楚国人，也因对当时的政治不满而佯装癫狂。

⑤蹶（jué）：跌倒，比喻失败、挫折。这里引申为死。

【译文】

"忠义之臣伍子胥是躲在袋子里被人用车拉出昭关逃离楚国的，他晚上行路，白天躲起来，到了菱水，就没有什么吃的了，他双膝跪地爬行，在吴市乞讨，最终使吴国得以复兴，帮助吴王阖庐建立了霸主之业。如果能让我像伍子胥一样进谏，即使被囚禁起来，到死都不能再见到大王，但我的谋略得以实行，我又有什么可担心的呢？箕子、接舆，涂漆生癞疮，披散着头发佯装癫狂，却始终不能对殷、楚有所裨益。如果我的行为和他们一样，但能够对您有所裨益，这将是我最为荣耀的事情，我又有何羞耻啊？

我所忧患的是，恐怕在我死之后，天下之人看着我因为向大王尽忠而身死，以至于天下之人都闭口裹足，不愿来秦国。大王您对上害怕太后的威严，对下又被奸诈臣子的谄媚之态迷惑，居住在幽深的宫中，离不开宫人的照顾，一生都糊糊涂涂，不能分辨奸邪。从大处来说将会使国家社稷覆灭，从小处来说将会使您自己孤立、危险，这是我最为担心的。而对于我自身的穷困耻辱、死与逃亡，我都不畏惧。如果我死去而秦国能得到很好的整治，这比让我活着更有意义。"

【原文】

秦王跽曰："先生是何言也？夫秦国僻远，寡人愚不肖，先生乃幸至此，此天以寡人恩①先生，而存先王之庙也！寡人得受命于先生，此天所以幸先王而不弃其孤也！先生奈何而言若此？事无大小，上及太后，下至大臣，愿先生悉以教寡人，无疑寡人也。"范雎再拜，秦王亦再拜。

【注释】

①恩（hùn）：劳烦，烦扰。

【译文】

秦王挺直上身说："先生为何会说出这种话呢？秦国非常偏远，我又比较愚钝无能，先生有幸来到秦国，此乃天意让我劳烦先生赐教，以保存先王的功业！我能得到先生您的赐教，这是上天眷顾先王而不抛弃我啊！先生怎么能够这样说呢？从今以后，事情无论大小，上至太后，下及大臣，希望先生您都能予以赐教，不要对我有什么怀疑。"范雎向秦王拜了两拜，秦王也回拜了两次。

【原文】

范雎曰："大王之国，北有甘泉、谷口^①，南带泾、渭^②，右陇^③、蜀，左关、阪^④；战车千乘，奋击百万。以秦卒之勇，车骑之多，以当诸侯，譬若驰韩卢^⑤而逐蹇兔也，霸王之业可致。今反闭关而不敢窥兵于山东者，是穰侯^⑥为国谋不忠，而大王之计有所失也。"

【注释】

①谷口：地名，泾水出山的口子，在今陕西礼泉东北。

②泾、渭：二水名，在今陕西中部。

③陇：陇山，在今陕西陇县西北。

④关、阪：函谷关与陇阪。

⑤韩卢：韩国出产的著名猛犬。

⑥穰（ráng）侯：魏冉，战国时楚国人，秦昭王母宣太后异父弟。昭王年少，宣太后掌权，被任为相。封于穰（今河南邓州），号穰侯。

【译文】

范雎说："大王的国家北有要塞甘泉、谷口，南有泾、渭两水环绕，西有险峻的陇、蜀山地，东边有险要的函谷关与陇阪；拥有战车千辆，精兵百万。凭着秦兵的勇敢，车马的众多，以这样的实力去对付诸侯，就像是用良犬去追逐跛足的兔子一样，霸王之业真是手到擒来。现在反而闭塞关门，不敢向东方诸国用兵，这都怪穰侯没有忠心地为国家出谋划策，而大王的决策也有所失误啊！"

【原文】

王曰："愿闻所失计。"雎曰："大王越韩、魏而攻强齐，非计也。

少出师则不足以伤齐，多之则害于秦。臣意王之计，欲少出师而悉韩、魏之兵，则不义矣。今见与国之不可亲，越人之国而攻，可乎？疏于计矣！昔者，齐人伐楚，战胜，破军杀将，再辟千里，肤寸①之地无得者，岂齐不欲地哉？形②弗能有也！诸侯见齐之罢露③，君臣之不亲，举兵而伐之，主辱军破，为天下笑。所以然者，以其伐楚而肥韩、魏也。此所谓藉贼兵而赍④盗食者也。王不如远交而近攻，得寸则王之寸，得尺亦王之尺也。今舍此而远攻，不亦缪乎？且昔者，中山之地方五百里，赵独擅之，功成、名立、利附，则天下莫能害。今韩、魏，中国⑤之处，而天下之枢也。王若欲霸，必亲中国而以为天下枢，以威楚、赵。赵强则楚附，楚强则赵附。楚、赵附则齐必惧，惧必卑辞重币以事秦，齐附，而韩、魏可虚也。"

【注释】

①肤寸：古代长度单位，以四指宽为一肤，一指宽为一寸。
②形：势。
③罢露：疲弊。罢，通"疲"。露，败。
④赍（jī）：送，赠。
⑤中国：中原。

扫码看视频

【译文】

秦王说："我想知道错在哪里。"范雎说："大王越过韩、魏的国土去进攻强齐，这不是好的计谋。出兵少了，并不能够损伤齐国；多了，则对秦国有害。臣揣摩大王的计谋，是想本国少出兵，而让韩、魏全部出兵，这就不相宜了。如今明知盟国不可以信任，却越过他们的国土去作战，这可以吗？显然是疏于算计了！从前，齐国攻打楚国，打了大胜仗，攻破了楚国的军队，擒杀了它的将帅，再次拓地千里，但到最后连寸土也没得到，这难道是齐国不想得到土地吗？是疆界形势不允许它占有啊！诸侯见齐国士卒疲弊，君臣不和睦，起兵来攻打它，齐王蒙羞，军队被攻破，遭到天下人的耻笑。落得如此下场，就是齐伐楚而使韩、魏获得土地壮大起来的缘故。这就是人们常说的借给强盗兵器而资助小偷粮食啊。大王不如采取结交远国而攻击近国的策略，得到寸土就是王的寸土，得到尺地就是王的尺地。如今舍近而攻远，这不是个错误吗？从前，中山国拥有方圆五百里的土地，赵国单独把它吞并，功业也成就了，声名也树立了，财利也获得了，天下也没能把赵国怎么样。如今韩、魏的形势，居各诸侯国的中央，是天下的枢纽。大王如果想要成就霸业，一定先要亲近居中的国家而用它做天下的枢纽，来威胁楚国和赵国。赵国强盛，那么楚就要附秦；楚国强盛，那么赵就要附秦。楚、赵都来附秦，齐国一定恐慌，齐国恐慌，肯定会用谦卑的言辞和贵重的财礼来服侍秦国。如果齐国归附，那么秦国就可以使韩、魏成为一片废墟了。"

【原文】

王曰："寡人欲亲魏，魏，多变之国也，寡人不能亲。请问亲魏奈何？"范雎曰："卑辞重币以事之。不可，削地而赂之。不可，举兵而伐之。"于是举兵而攻邢丘，邢丘拔而魏请附。

曰："秦、韩之地形，相错如绣①。秦之有韩，若木之有蠹②，人之病心腹。天下有变，为秦害者莫大于韩。王不如收韩。"王曰："寡人欲收韩，不听，为之奈何？"

范雎曰："举兵而攻荥阳，则成皋之路不通；北斩太行之道，则上党之兵不下；一举而攻荥阳，则其国断而为三。韩见必亡，焉得不听？韩听而霸事可成也。"王曰："善！"

【注释】

①相错如绣：像锦绣花纹一样相互交错。

②蠹（dù）：蛀虫。

【译文】

秦王说："寡人本想亲近魏国，但魏的态度变幻莫测，寡人无法亲近它。请问怎样才能亲魏呢？"范雎说："用卑下的言辞和贵重的财礼来服侍它。这样不行，就割地贿赂它。这样还不行，就起兵来攻伐它。"于是秦国起兵来攻打邢丘，邢丘被攻陷，而魏国果然来请求归附。

范雎说："秦、韩两国的地形就像锦绣花纹一样相互交错。秦旁有韩存在，就像树木有虫，人有心腹之疾一样。天下一朝有变，对秦国危害最大的，莫过于韩国。王不如使韩归附于秦。"秦王说："寡人打算使韩来附，韩不听从，可怎么办呢？"

范雎说："起兵攻打荥阳，那么成皋的道路就不通了；北部截断太行的道路，那么上党的兵也就不能南下了；一举而拿下荥阳，那么韩国将分成孤立的三块。韩国看到自身将要覆亡，怎么能够不听从呢？韩国一顺从，那么霸业就可以成功了。"秦王说："这很好！"

名师点评

　　范雎由小人物转变成历史舞台上的风云人物，固然与他智深如海、目光远大、口才杰出有关，但是秦王虚怀若谷的雅量，识人之明、用人不疑的领导智慧才是范雎成功的根本保证。"远交近攻"是沿用至今的处理国家和人际关系的常用手段，因为近邻关系往往错综复杂，利益重叠交叉，远邻则纠纷少，矛盾不显著。

濮阳人吕不韦贾于邯郸

　　战国时期，在其他国家当人质的公子就是被本国君王放弃的公子。商人吕不韦在赵国邯郸遇见秦国质子异人。他从商业投机的角度中感觉到立一国之君将是获利最多的政治投机。将被放弃的公子变成热门王位的继承人，首先需要君王的关注。于是，吕不韦托关系促成秦王王后华阳夫人认异人为自己的儿子，并说服赵王将异人送回秦国。回国后异人凭着自己的智慧和吕不韦财力的支持，很快就完成了从人质到太子的角色转换，最终成为秦王。吕不韦投机获利巨大，被异人拜为相国，封为文信侯。

【原文】

　　濮阳①人吕不韦贾②于邯郸，见秦质子③异人④，归而谓父曰："耕田之利几倍？"曰："十倍。""珠玉之赢几倍？"曰："百倍。""立国家之主赢几倍？"曰："无数。"曰："今力田疾作，不得暖衣余食；今建国立君，泽⑤可以遗世。愿往事之。"

【注释】

　　①濮阳：现在的河南濮阳一带。

　　②贾：经商，做买卖。

③质子：被当作人质的王子。

④异人：子楚，秦国孝文王之子。

⑤泽：恩泽，福泽。

【译文】

　　濮阳人吕不韦到赵国的首都邯郸经商，看到了秦国的人质——孝文王的庶子异人，等回家之后吕不韦就对父亲说："耕田能有几倍利润？"父亲回答他说："十倍。"吕不韦又问："经营珠玉能有几倍利润？"父亲又回答他说："百倍。"然后吕不韦接着问："拥立国家的君主可以获利多少呢？"父亲又回答他说："无法计数。"吕不韦说："如今我们每年辛苦耕种，依旧不能获得温饱；但假如拥立一个君主，建立一个国家，就可以把利益传给后世了。我决定去做这件事。"

【原文】

　　秦子异人质于赵，处于𫐄城①。故往说之曰："子傒②有承国之业，又有母在中。今子无母于中，外托于不可知之国，一日倍③约，身为粪土。今子听吾计事，求归，可以有秦国。吾为子使秦，必来请子。"

【注释】

①𫐄城：聊城，在今山东聊城西北。

②子傒：秦国孝文王之子，异人同父异母的兄弟。

③倍：通"背"，背信弃义，背叛。

【译文】

　　秦国公子异人当了赵国的人质，住在赵国的𫐄城。吕不韦专程去见异人，并对他说："子傒有继承秦国王位的资格，并且在朝中有母亲的势力作为后盾。而你现在既没有母亲在朝中支持，又身陷安危难测的赵国，一旦背弃条约，你将成为两国的牺牲品，性命堪忧啊。倘若现在你听我的计划，提出回国的要求，那么你就可以拥有秦国了。我可以替你到秦国去活动，一定会让他们派人来请你回去。"

【原文】

乃说秦王后弟阳泉君曰："君之罪至死，君知之乎？君之门下无不居高尊位，太子门下无贵者。君之府藏珍珠宝玉，君之骏马盈外厩，美女充后庭。王之春秋①高，一日山陵崩②，太子用事，君危于累卵而不寿于朝生③。说有可以一切而使君富贵千万岁，其宁于太山四维④，必无危亡之患矣。"

【注释】

①春秋：指年纪。
②山陵崩：指秦王逝世。古时称帝王、诸侯的去世为"崩"。
③朝生：指朝生夕落的木槿。
④太山四维：以太山为四维，比喻安全稳固。太山，即泰山。四维，指东北、西北、东南、西南四个维度。

【译文】

于是吕不韦就去游说秦王王后的弟弟阳泉君说："阁下的罪过足以判处死刑，阁下知道吗？阁下的食客都身居高位，可是太子门下反而无一显贵。阁下府中珍藏有大量珍宝，马房拴满了骏马，而后宫更住满了美女。当今的秦王年事已高，一旦不幸崩逝，太子即位，那阁下的命运就比垒起的蛋还要危险十分，生命就像朝生暮谢的小植物那样短。现在我有一个办法可以让您富贵千秋，比泰山还安稳，绝对没有任何危险和祸患。"

【原文】

阳泉君避席^①，请闻其说。不韦曰："王年高矣，王后无子，子傒有承国之业，士仓^②又辅之。王一日山陵崩，子傒立，士仓用事，王后之门必生蓬蒿^③。子异人贤材也，弃在于赵，无母于内，引领西望^④，而愿一得归。王后诚请而立之，是子异人无国而有国，王后无子而有子也。"阳泉君曰："然。"入说王后，王后乃请赵而归之。

【注释】

扫码看视频

①避席：离座起立，表示恭敬。

②士仓：秦国的臣子。

③王后之门必生蓬蒿：王后的门前必然会生长很多蓬蒿野草。暗指受到冷落，无人问津。

④引领西望：伸长脖子向西看，即盼望之意。

【译文】

阳泉君赶紧站起来，请吕不韦详细说明。吕不韦说道："秦王年事已高，王后又没有儿子，只有子傒有资格继承王位，由秦臣士仓辅佐。君王一旦崩逝，子傒即位为秦王，由士仓掌理大权，到那时王后的门前必然会冷落到生蓬蒿长野草。如今公子异人是很有才能的人，可惜被遗弃在赵国当人质，在朝中又没有母亲的爱护与支持，他经常伸长脖子向西望，盼望能回国。假如王后能请君王立异人为太子，就等于使异人从无国变为有国，使王后从无子变成有子了。"阳泉君说："是这样。"于是就进宫劝说王后，不久王后便请求赵国将异人送回秦国。

【原文】

赵未之遣^①，不韦说赵曰："子异人，秦之宠子也，无母于中，王后欲取而子之②。使③秦而欲屠赵，不顾一子以留计，是抱空质也。若使子异人归而得立，赵厚送遣之，是不敢倍德畔施④，是自为德讲。秦王老矣，一日晏驾⑤，虽有子异人，不足以结秦。"赵乃遣之。

【注释】

①未之遣（qiǎn）：还没有送回来。

②子之：把他当作自己的儿子。

③使：倘使，倘若。

④倍德畔施：背弃恩德。倍，通"背"，背弃。畔，通"叛"，违背。德、施，皆指恩德、恩惠。

⑤晏（yàn）驾：秦王去世的委婉表达。

【译文】

赵国没有送异人回秦，吕不韦去劝赵王说："异人是秦王所宠爱的公子，只是在朝中没有母亲的爱护，现在王后想要把他收作儿子。假如秦国想要灭亡赵国，也不会由于顾及一个公子在赵国而推迟计划，因此赵国只是留了一个不起作用的人质。假如异人回国能继承王位，而赵国又用厚礼送他回国，他必然不敢忘记赵国的恩惠，这是用恩德来建立联系。现在秦王已经老了，一旦驾崩，那时赵国即使有公子异人为人质，赵国也无法和秦国结盟。"于是赵国就把异人送回了秦国。

【原文】

异人至，不韦使楚服而见。王后悦其状，高其知①，曰："吾楚人也。"而自子之，乃变其名曰楚。王使子诵，子曰："少弃捐在外，尝无师傅所教学，不习于诵。"王罢之，乃留止。

【注释】

①高其知：认为他很聪明。高，意动用法，认为……高。知，"智"的古字。

【译文】

异人回到秦国之后，吕不韦让他穿上楚国服装去见王后。王后看到异人的打扮很高兴，认为他很聪明，说："我是楚国人。"于是就把异人当作自己的儿子，并且替他改名为"楚"。孝文王想叫异人当场背诵一段经书，异人回答说："儿臣从小就被送到外国当人质，并没有老师教我读书，所以不会背诵经书。"这样孝文王才作罢，并把他留在宫中。

【原文】

间①曰："陛下尝轫车于赵②矣，赵之豪杰，得知名者不少。今大王反③国，皆西面而望。大王无一介之使以存之，臣恐其皆有怨心。使边境早闭晚开。"王以为然，奇其计。王后劝立之。王乃召相，令之曰："寡人子莫若楚。"立以为太子。

【注释】

①间：一会儿。
②轫（rèn）车于赵：在赵国停车，暗指做赵国的人质。
③反：通"返"。

【译文】

过了一会儿，子楚对孝文王说："大王以前曾在赵国停留，因此赵国的豪杰都知道大王的大名。现在大王回国了，他们都向西方遥望大王。假若大王不派一个使者去问候他们，我唯恐他们都要存有怨恨的心情。不如使边城关口早些关闭，晚些开放。"孝文王认为子楚这话说得有道理，并夸他善于奇谋。这时王后就劝孝文王立子楚为太子。于是孝文王就召见相国说："我的其他儿子都不如子楚。"于是就立子楚为太子。

【原文】

子楚立，以不韦为相，号曰文信侯，食^①蓝田十二县。王后为华阳太后，诸侯皆致秦邑。

【注释】

①食：以……为俸禄。

【译文】

后来子楚继承秦国王位，任命吕不韦为相国，封他为文信侯，给他蓝田十二个县的收入作为俸禄。同时封王后为华阳太后，天下诸侯都到秦国来进献封地。

名师点评

吕不韦是个眼光独到的政治投机商。他的谋略、胆识和执行力在古代中国商人之中是首屈一指的。谋算一国王位的人在古中国并不少见，但是，将一位在其他国家做人质的公子强推上王位的，却是仅此一人。在吕不韦的策划中，第一步就是使异人从"冷"变"热"，异人能成为秦王王后华阳夫人之子是极其关键的；其后第二步，促使赵国放人；第三步，使异人成为秦国太子……吕不韦在诸多势力中穿针引线，巧妙安排，步步为营，层层推进，真是具有一流智慧的策划家和一流执行力的商业奇才。掌控所有相关人员的需求，投其所好、对症下药是吕不韦投资成功的不二法门。

文信侯欲攻赵以广河间

　　名师导读

　　聪慧的甘罗年仅十二岁，就成为相国吕不韦的家臣。当吕不韦请秦将张唐到燕国做相国遭推辞时，甘罗用类比的方法说理，使张唐感受到生命安全有威胁，只好乖乖地同意去燕国为相国。他又利用自己的智慧与口才，迫使赵王向秦国割地求和。"不战而屈人之兵"，凭着外交手段就取得扩大秦国疆土的功绩，甘罗真是个奇才。

【原文】

　　文信侯①欲攻赵以广河间②，使刚成君蔡泽③事燕三年，而燕太子质于秦。文信侯因请张唐④相燕，欲与燕共伐赵，以广河间之地。张唐辞曰："之燕者必径于赵，赵人得唐者，受百里之地。"文信侯去而不快。少庶子甘罗⑤曰："君侯何不快甚也？"文信侯曰："吾令刚成君蔡泽事燕三年，而燕太子已入质矣。今吾自请张卿相燕，而不肯行。"甘罗曰："臣行之。"文信君叱去曰："我自行之而不肯，汝安能行之也？"甘罗曰："夫项橐⑥生七岁而为孔子师，今臣生十二岁于兹矣，君其试臣，奚以遽言叱也？"

【注释】

①文信侯：秦国相国吕不韦。

②河间：吕不韦的封地。

③蔡泽：燕人，入秦代范雎为相，后封刚成君，《辞海》又作"纲成君"。

④张唐：秦国的臣子。

⑤少庶子甘罗：文信侯吕不韦的家臣，秦将甘茂之孙，年少聪明。

⑥项橐（tuó）：传说中的神童，孔子曾经向他请教。

【译文】

文信侯想要出兵攻打赵国，以扩展自己的封地河间，他派刚成君蔡泽到燕国为臣三年之后，燕国的太子丹作为人质来到秦国。文信侯又请张唐出任燕国的相国，想要与燕国联手攻打赵国，拓展自己的封地河间。张唐推辞说："想要到燕国必定会经过赵国，赵国正悬赏捉拿我呢，凡是抓到我的人，就可以得到百里之地的奖赏。"文信侯离开了，心中十分不高兴。少庶子甘罗问："君侯您为何如此不快乐啊？"文信侯回答说："我派刚成君蔡泽到燕国为官三年，而燕国太子丹也已经来到秦国做人质。现在我亲自请张唐出任燕国的相国，他却不肯去！"甘罗说："我能让他去。"文信侯呵斥他离开，说："我亲自让他去他都不肯，你又怎么能让他去呢？"甘罗说："项橐七岁的时候就做了孔子的老师，我今年已经十二岁了，君侯您就让我去试一下吧，怎能立刻就训斥我呢？"

【原文】

甘罗见张唐曰："卿之功孰与武安君①？"唐曰："武安君战胜攻取不知其数，攻城堕②邑不知其数。臣之功不如武安君也。"甘罗曰："卿明知功之不如武安君欤？"曰："知之。""应侯之用秦也，孰与文信侯专？"曰："应侯不如文信侯专。"曰："卿明知为不如文信侯专欤？"曰："知之。"甘罗曰："应侯欲伐赵，武安君难之，去咸阳七里，绞而杀之。今文信侯自请卿相燕，而卿不肯行，臣不知卿所死之处矣！"唐曰："请因孺子③而行！"令库具④车，厩具马，府具币，行有日矣。甘罗谓文信侯曰："借臣车五乘，请为张唐先报赵。"

见赵王，赵王郊迎。谓赵王曰："闻燕太子丹之入秦与？"曰："闻之。""闻张唐之相燕与？"曰："闻之。""燕太子丹入秦者，燕不欺秦也；张唐相燕者，秦不欺燕也。秦、燕不相欺，则伐赵，危矣。燕、秦所以不相欺者，无异故，欲攻赵而广河间也。今王赍⑤臣五城以广河间，请归燕太子，与强赵攻弱燕。"赵王立割五城以广河间，归燕太子。赵攻燕，得上谷⑥三十六县，与秦什一。

【注释】

①武安君：秦将白起，为秦国屡立战功。
②堕：破坏，毁坏，此处指夺取。
③孺子：指甘罗。
④具：准备，预备。
⑤赍（jī）：赠送。
⑥上谷：燕地名，位于河北与北京交界一带。

【译文】

甘罗去拜见秦将张唐，对他说："大人您认为自己与武安君白起相比谁的功绩更大？"张唐回答说："武安君打下无数个胜仗，攻取无数个城池，我的功劳远远不如武安君。"甘罗又问："您确实知道自己的功劳不如武安君吗？"张唐答道："知道啊。"甘罗接着问："大人您认为曾经执掌国政的应侯与文信侯比较的话，谁的权势大？"张唐说："应侯的权势比不上文信侯。"甘罗问："您确实知道是这样吗？"张唐说："知道。"甘罗说："应侯想要进攻赵国，武安君认为有困难而不肯接受任务，最终在距离咸阳七里的地方被绞死。如今文信侯亲自请您出任燕国的相国，但是您却不答应，我不知道大人您将在何处葬身啊！"张唐道："请您替我告诉文信侯，我愿意前往燕国为相。"于是就准备车辆和马匹，备好礼品，定下了行期。甘罗又对文信侯说道："请借给我五辆车子，我先去通报赵王一声。"

于是甘罗就去面见赵王，赵王到郊外去迎接。甘罗说："赵王您可曾听说燕国太子丹已经到了秦国？"赵王回答道："听说了。"甘罗又问道："您听说张唐要到燕国出任相国这件事了吗？"赵王回答说："听说了。"甘罗又道："燕太子丹来到秦国，表明燕国不会欺骗秦国；而张唐到燕国为相，表明秦国也不会欺骗燕国。秦国和燕国彼此之间不欺骗的话，就要攻打赵国，那赵国就危险了。秦国和燕国互不欺骗，没有别的原因，就是为了讨伐赵国，拓展河间的土地而已。如今大王您如果能够送给我五座城邑以扩大河间的土地，我就可以让秦国遣燕太子丹归国，再和强大的赵国联手攻打弱小的燕国。"赵王马上割让五座城邑以扩大秦国在河间的土地，秦国也把太子丹送回燕国。赵国进攻燕国，得到了上谷之地三十六个县，并把其中的十分之一送给秦国。

点评名师

甘罗虽小，对人性的深刻理解却堪比成年人。他对秦将张唐的类比威胁，对赵王的诡诈震慑，都是利用人的"欺软怕硬"心理，使用"恶"的方法去攻击对方的软肋。一般来说，对待好人就应该使用以利益和荣誉等加以肯定、褒奖的积极方式激励人奋进，对待恶人就可使用以恶制恶的手段迫使恶人就范。

延伸/阅读

范 雎

战国时期著名政治家、纵横家、军事谋略家、战略家，秦国相国，因其封地在应城，又被称为"应侯"。范雎原是魏国中大夫须贾的门客。范雎入秦后，见到秦昭王，提出将韩、魏作为秦国兼并的主要目标，同时应该与齐国等保持良好关系的主张。秦昭王拜范雎为客卿，之后又拜范雎为相。长平之战爆发，范雎以反间计使赵国任用无实战经验的赵括取代大将廉颇，助白起大破赵军，结束了长达三年的战争。后辞官归封地，不久后病逝。

思考问答

☆ 陈轸如何避免了秦王的猜忌？

☆ 小甘罗说谁几岁的时候就做了孔子的老师？

靖郭君将城薛

名师导读

　　靖郭君是齐威王之子，封地在薛城。他与齐宣王是兄弟，与国君是兄弟既显贵也非常危险，绝不能让国君觉得自己有丝毫想取而代之的野心。一次靖郭君欲大兴土木，在薛地修筑城墙。这一举动引起了轩然大波——邻国恐惧，身边人质疑。所以，前来劝阻他的人非常多。有个人用海里的大鱼可能遭受的情况来类比靖郭君可能的遭遇，说到了靖郭君的心里，于是靖郭君停止在薛地修筑城墙。

【原文】

　　靖郭君①将城薛②，客多以谏。靖郭君谓谒者③无为客通。齐人有请者曰："臣请三言而已矣！益④一言，臣请烹⑤。"靖郭君因见之。客趋而进曰："海大鱼。"因反⑥走。君曰："客有于此⑦。"客曰："鄙臣不敢以死为戏。"君曰："亡⑧，更言之。"对曰："君不闻海大鱼乎？网不能止，钩不能牵，荡而失水，则蝼蚁得意焉。今夫齐，亦君之水也。君长有齐阴⑨，奚以薛为？失齐，虽隆薛之城到于天，犹之无益也。"君曰："善。"乃辍城薛。

【注释】

①靖郭君：齐国大臣田婴。

②城薛：为薛地修筑城墙。

③谒者：通报者，通传者。

④益：增加。

⑤臣请烹：我情愿接受烹刑。烹刑，古时把人放到油锅里或者沸水中处死的一种惩治罪行的方式。

⑥反：转身。

⑦客有于此：客人请留在这。

⑧亡：通"无"。

⑨阴：同"荫"，庇护。

【译文】

靖郭君打算为薛地修建城墙，很多门客都来进谏劝阻。靖郭君对通报者说不要替那些人通传。有个齐国人请求面见靖郭君，说："我只请求说三个字就可以了，如果增加一个字的话，我请求对我处以烹刑。"靖郭君因此就召见了这位齐人。齐客快步走进去说："海大鱼。"说完转身就走。靖郭君说："客人请留步。"齐客说："我不敢把死当作儿戏。"靖郭君田婴说："我不怪罪您，请您接着说。"齐客继续说："您难道没有听闻过海里的大鱼吗？渔网捉不住它，鱼钩拉不动它；一旦离开了水，

蚂蚁都可以戏弄它。现在齐国就是您的水。假如您能永远受到齐国的庇荫，薛地又有何用呢？而如果没有了齐国的庇荫，薛地的城墙即使修筑到天那么高，依然没有什么用。"靖郭君说："您说得对。"因此就停止了在薛地修筑城墙。

点师名评

　　本篇为我们提出了一个问题：如何劝说不愿意听从别人劝谏的人？劝说这样的人，是需要智慧与手段的。首先要引起他的注意与重视。比如齐客用"海大鱼"三个字，一下子就勾起了靖郭君的好奇心，于是才有了继续劝说的机会，以及最终劝谏成功的结果。

苏秦为赵合从

　　苏秦为了使齐国加入赵国倡导的合纵联盟，共同抗秦，而前来游说齐宣王。他从齐国山川险峻、关隘稳固、军队精锐、人口众多、人民富裕入手，指出齐国如此强盛，没必要去给秦国当附庸。他认为齐国的边疆与秦国不相邻，秦国如进攻齐国必须借道他国，因此必须防备韩、魏等国的偷袭。秦不能攻齐，显而易见。齐已立于不败之地，不必听人指手画脚。

【原文】

　　苏秦为赵合从，说齐宣王曰："齐南有太山，东有琅邪，西有清河，北有渤海，此所谓四塞之国也。齐地方二千里，带甲数十万，粟如丘山。齐车之良，五家之兵①，疾如锥矢，战如雷电，解②如风雨。即有军役，未尝倍太山、绝③清河、涉渤海也。

【注释】

　　①五家之兵：齐国管仲改革后的一种兵制。

　　②解：解散，散开。

　　③绝：穿过，经过。

【译文】

苏秦为了赵国合纵的事去游说齐宣王说:"齐国南有泰山,东有琅琊山,西有清河,北有渤海,这就是所谓四面都有要塞的国家。齐国方圆两千里,将士几十万,军粮堆积如山。齐国战车精良,又有五家兵制的精锐部队,战争集结时像飞箭一般快速,作战时像闪电一般凶猛,解散时像风雨一样迅疾。即使对外发生战争,敌军也从来没有越过泰山、渡过清河、跨过渤海。

【原文】

"临淄之中七万户,臣窃度之,下户三男子,三七二十一万,不待发于远县,而临淄之卒固以二十一万矣。

"临淄甚富而实,其民无不吹竽、鼓瑟、击筑、弹琴、斗鸡、走犬、六博、蹹蹹①者。临淄之途,车毂击,人肩摩,连衽成帷,举袂②成幕,挥汗成雨,家敦③而富,志高而扬。夫以大王之贤与齐之强,天下不能当。今乃西面事秦,窃为大王羞之。

【注释】

①蹹(tà)蹹(jū):踢球。古代习武、健身之戏。

②袂(mèi):衣袖,袖子。

③敦:殷实。

扫码看视频

【译文】

"首都临淄有七万户人家,据臣私下估计,即使一律以小户计算,平均每户也有三名男子,三七就是二十一万人,根本不必征调远方的兵力,光是临淄一城就可以组成二十一万人的大军。

"临淄非常富庶充实,一般人都会吹竽、鼓瑟、击筑、弹琴、斗鸡、赛狗、下棋、踢球。临淄的街道上车轴相接，行人肩膀相擦，把衣襟连起来可以成帷帐，把衣袖举起来可以成幕布，挥一把汗可以形成雨，家家生活都非常富裕，人人志气都极为高昂。凭大王的贤明和齐国的富强，天下诸侯都不敢跟齐国对抗。如今齐国竟然往西去侍奉秦国，臣在私下为大王感到羞愧。

【原文】

"且夫韩、魏之所以畏秦者，以与秦接界也。兵出而相当，不至十日而战胜存亡之机决矣。韩、魏战而胜秦，则兵半折^①，四境不守；战而不胜，以亡随其后。是故韩、魏之所以重^②与秦战而轻为之臣也。

【注释】

①折：折损。
②重：不轻易。

【译文】

"况且韩、魏之所以恐惧秦国，是因为他们跟秦国接壤。秦国出兵攻打韩、魏，双方相对，不到十天就可以决定胜败存亡的命运。假如韩、魏能够战胜秦军，那韩、魏之军必然要损失大半，四面的边境就无法防守；假如韩、魏没有取胜，那随之而来的就是灭亡。所以韩、魏不敢轻易向秦国宣战，而轻易向秦国臣服。

【原文】

"今秦攻齐则不然，倍韩、魏之地，至卫阳晋之道，径亢父之险，车不得方轨，马不得并行，百人守险，千人不能过也。秦虽欲深入，则狼顾①，恐韩、魏之议其后也。是故恫疑虚猲，高跃而不敢进，则秦不能害齐，亦已明矣。夫不深料秦之不奈我何也，而欲西面事秦，是群臣之计过也。今无臣事秦之名，而有强国之实，臣固愿大王少留计。"

齐王曰："寡人不敏，今主君以赵王之教诏之，敬奉社稷以从。"

【注释】

①狼顾：狼性多疑，行走时常回头观看，借以喻人疑虑不安。

【译文】

"现在秦国假如攻打齐国，情形就有所不同，因为在秦国的背后有韩、魏扯它的后腿，同时秦军必然经过卫地阳晋的要道和亢父的险路，在这里车马都不能并行，只要有一百个人守住天险，即使一千人也无法通过。秦国虽然想发兵深入，但是又疑虑不安，担心韩、魏从后面偷袭。所以秦兵只是虚张声势，实际上却犹豫不决不敢进攻，可见秦国不能攻齐已经很明显了。大王不仔细估量秦国并不敢对齐国如何，反倒想要往西给秦国当附庸国，这是群臣在计谋上的失误。现在齐国并无臣事秦国的名分，而具有强国的实力，但愿大王稍加考虑！"

齐宣王回答说："寡人愚钝，如今贤卿既然把赵王的教诲告诉寡人，寡人愿意参加合纵联盟。"

点评名师

　　夸奖他人的长处能使他人愿意听你的游说，用热情迸发的词语来宣扬对方的优点，极易在感情上感染受众，使受众的判断受到游说者的影响。苏秦的语言夸张而具有渲染力，他反复强调齐国的国富民强、地理条件优越，从心理上暗示齐宣王，齐国是不可战胜的，从而诱导齐宣王接受自己的主张。

昭阳为楚伐魏

名师导读

楚将昭阳战胜魏国后转而进攻齐国，齐威王派陈轸劝其罢兵。陈轸用"画蛇添足"这样一个寓言告诉楚将昭阳，万事过犹不及，适可而止才能恰到好处。楚将昭阳认为陈轸的话有道理，于是接受了他罢兵的建议。

【原文】

昭阳为楚伐魏，覆①军杀将得八城，移兵而攻齐。陈轸为齐王使，见昭阳，再拜贺战胜，起而问："楚之法，覆军杀将，其官爵何也？"昭阳曰："官为上柱国②，爵为上执圭③。"陈轸曰："异贵于此者何也？"曰："唯令尹耳。"

【注释】

①覆：灭亡。

②上柱国：又称柱国，楚国最高武官。

③上执圭：楚国最高爵位。

【译文】

昭阳为楚国攻打魏国，击溃了魏军，杀死魏将，占领了八座城池，然后又调遣军队去攻打齐国。陈轸作为齐威王的使者去见昭阳，对昭阳拜了两拜，祝贺他打了胜仗，然后起身问他："依照楚国的法制，击溃敌军，杀死敌将，能够得到什么样的官爵？"昭阳说："官职为上柱国，爵位为上执圭。"陈轸说："此外还有比这更高贵的官爵吗？"昭阳说："只有令尹了。"

【原文】

陈轸曰："令尹贵矣！王非置两令尹也，臣窃为公譬可也。楚有祠者，赐其舍人卮①酒。舍人相谓曰：'数人饮之不足，一人饮之有余。请画地为蛇，先成者饮酒。'一人蛇先成，引酒且饮之，乃左手持卮，右手画蛇，曰：'吾能为之足。'未成，一人之蛇成，夺其卮曰：'蛇固无足，子安能为之足？'遂饮其酒。为蛇足者，终亡其酒。今君相②楚而攻魏，破军杀将得八城，不弱兵，欲攻齐，齐畏公甚。公以是为名亦足矣，官之上非可重也。战无不胜而不知止者，身且死，爵且后归，犹为蛇足也。"昭阳以为然，解军而去。

【注释】

①卮（zhī）：古代一种器皿，常用来盛酒。

②相：辅助，扶助。

扫码看视频

【译文】

陈轸说："令尹是最尊贵的官了！但楚王是不会设置两个令尹的，请让我为您打个比方。楚国有个举行祭祀的人，赏给他左右亲近的人一杯酒。这些人商量说：'这杯酒让几个人喝是不够的，让一个人喝就有剩余。让我们在地上画条蛇，先画成的喝酒。'其中有一个人先画成了蛇，拿过酒杯准备喝酒，他左手拿着酒杯，右手继续画着，说：'我还能给蛇添上脚。'蛇脚还没有添完，另一个人把蛇画好了，夺过酒杯说：'蛇本来没有脚，你怎么能给它画上脚呢？'说着就把酒喝了。给蛇画脚的人最终没有喝上酒。现在您辅助楚国攻打魏国，击败了魏军，杀死了魏将，还占领了八座城池，兵力没有什么损耗，您又调动军队想要攻打齐国，齐国很害怕您。您因此取得了威名，这也就够了，官爵也不可能再增加了。况且每次都打胜仗而不知适可而止的人，必将招致杀身之祸，死后爵位也要留给后来的人，这就像画蛇添足一样啊。"昭阳认为陈轸的话有道理，就带领军队回国了。

点名师评

　　历史上"功高震主""功高不赏"的事例层出不穷。陈轸针对这种状况可能引发的心理现象，用"画蛇添足"的故事，比喻做事节外生枝，不但无益，反而有害，来劝说昭阳。借寓言故事说理，生动形象，有趣易懂，说服力更强。

孟尝君将入秦

孟尝君打算去秦国，无人能够劝阻他。苏秦则以一个土偶人与一个木偶人相互辩难的寓言劝谏孟尝君：不可学桃木人那样丢了根基，失去归路。孟尝君从中悟得道理，于是打消了赴秦的意图。

【原文】

孟尝君①将入秦，止者千数而弗听。苏秦欲止之，孟尝曰："人事者，吾已尽知之矣；吾所未闻者，独鬼事耳。"苏秦曰："臣之来也，固不敢言人事也，固且以鬼事见君。"

【注释】

①孟尝君：田文，靖郭君田婴的儿子，这时任齐相。

【译文】

孟尝君将要到秦国去，上千的人劝阻他，他都不肯听从。苏秦打算劝阻他，孟尝君说："讲人事的话，我通通都知道了；我还没有听说过的，只有鬼神的事罢了。"苏秦说："我这次来，本也不敢谈人事，就是打算和您谈谈鬼神的事。"

【原文】

孟尝君见之。谓孟尝君曰："今者臣来，过于淄①上，有土偶人与桃梗②相与语。桃梗谓土偶人曰：

'子，西岸之土也，埏③子以为人，至岁八月④，降雨⑤下，淄水至，则汝残矣。'土偶曰：'不然。吾西岸之土也，吾残则复西岸耳。今子，东国之桃梗也，刻削子以为人，降雨下，淄水至，流子而去，则子漂漂者将何如耳。'今秦，四塞之国⑥，譬若虎口，而君入之，则臣不知君所出矣。"孟尝君乃止。

【注释】

①淄（zī）：水名，源出今山东莱芜东北。

②桃梗：用桃木刻成的人像。

③埏（shān）：用水调和泥土。此处指揉制。

④八月：此指周历八月，相当于夏历六月，正值雨季。

⑤降雨：大雨。降，通"洚"。

⑥四塞之国：四面都有险塞的国家。

【译文】

孟尝君接见了苏秦。他对孟尝君说："我这次来，经过淄水，遇见有个土偶人和木偶人在互相谈话。木偶人对土偶人说：'你本是西岸的泥土，被捏制成人形，到了八月间，天降大雨，淄水暴发，你就会被冲坏了。'土偶人说：'不对。我本是西岸的泥土，我被冲坏，不过仍然回到西岸而已。可是你呢，本是东国的桃梗，被雕成了人形，大雨降下，淄水来到，把你冲走，那时你飘飘荡荡，不知哪里才是你的归宿。'如今秦是一个四面都有险塞的国家，就像是虎口，您进去了，我不知道您能从哪里出来呢。"孟尝君就取消了他的行程。

名师点评

  劝说事业有成而且固执己见的人，要能把握住他的心理。孟尝君在齐国拥有极其深厚的上层势力和广泛的下层百姓的拥护，一旦脱离了自己的人脉、自己的根据地，是很容易受到外力攻击而无法自保的。苏秦就是针对这一点而设计寓言，劝服了孟尝君。此篇给人们一个启示：轻易放弃经营很好的环境、人脉，转而从事自己并不熟悉的行业为事业大忌。

齐人有冯谖者

　　冯谖是有个性的聪明人。他一入孟尝君的门下，就开始不断地索要金钱、地位，以此检验孟尝君的胸襟。在确认孟尝君确实胸怀宽广、仁义厚道后，冯谖当众焚毁所有债券，用"千金买义"的方法为孟尝君收复了封地薛地的民心。当孟尝君被齐王抛弃时，薛地成了孟尝君"狡兔三窟"中的第一窟。第二窟和第三窟也都是冯谖因势利导而促成的，首先他诱导魏王重视孟尝君在齐国的潜在势力，给予孟尝君相国之位；继而引发齐王的后悔，左右哄抬，造成竞争之势，最终使孟尝君得以左右逢源，地位稳固更胜从前。

【原文】

　　齐人有冯谖者，贫乏不能自存，使人属①孟尝君，愿寄食门下。孟尝君曰："客何好？"曰："客无好也。"曰："客何能？"曰："客无能也。"孟尝君笑而受之曰："诺。"左右以君贱之也，食以草具②。

【注释】

　　①属（zhǔ）：嘱托。
　　②食（sì）以草具：给他吃粗糙的食物。草具，粗劣的食物。

【译文】

　　齐国有一个名叫冯谖的人，穷困潦倒，没法养活自己，就托人引荐到孟尝君那里当一名食客。孟尝君问："客人有什么爱好吗？"冯谖回答说："没有什么爱好。"孟尝君又问："客人有什么才干吗？"冯谖回答说："没有什么才干。"孟尝君笑着同意接受他，说："好吧。"孟尝君身边的人以为主人轻视这个食客，于是就拿粗茶淡饭来给他吃。

【原文】

居有顷①，倚柱弹其剑，歌曰："长铗②归来乎！食无鱼③。"左右以告。孟尝君曰："食之，比门下之客。"居有顷，复弹其铗，歌曰："长铗归来乎！出无车。"左右皆笑之，以告。孟尝君曰："为之驾，比门下之车客④。"

【注释】

①有顷：一段时间。

②长铗（jiá）：长剑。

③食无鱼：孟尝君把门下的宾客分为三等，所吃的东西也不同，最低等吃菜，最高等吃肉，中等吃鱼。孟尝君原本把冯谖归入最低等吃菜，因此冯谖声称"食无鱼"。

④车客：乘车之客。

【译文】

过了一段时间，冯谖靠在柱子上敲着剑唱道："长剑啊，咱们回去吧！因为我饭里没有鱼。"随从们把这话告诉孟尝君，孟尝君说："给他鱼吃，和门下吃鱼的客人相同！"过了一段时间，冯谖又敲起他的长剑唱道："长剑啊，咱们回去吧！因为我外出没有车子坐。"随从们都笑他得寸进尺，又把这事告诉给孟尝君，孟尝君说："给他车坐，和门下有车的客人相同！"

【原文】

　　于是乘其车，揭其剑①，过其友，曰："孟尝君客我②。"后有顷，复弹其剑铗，歌曰："长铗归来乎！无以为家③。"左右皆恶之，以为贪而不知足。孟尝君问："冯公有亲乎？"对曰："有老母。"孟尝君使人给其食用，无使乏④。于是冯谖不复歌。

【注释】

①揭其剑：高举着他的剑。揭，高举。
②客我：以我为客。
③无以为家：没有什么可以用来赡养家庭。
④乏：短缺，缺乏。

【译文】

　　于是冯谖就坐上他的车子，举着他的剑去访问他的朋友说："孟尝君优待我为上客。"后来又过了一段时间，冯谖再敲起他的剑唱道："长剑啊，咱们回去吧！因为我不能养家。"周围的人都讨厌冯谖，认为他是一个贪得无厌的人。可是孟尝君却问："冯先生有亲属吗？"冯谖说："家有老母。"于是孟尝君就派人给冯谖母亲送去吃的用的，使他的母亲不再穷困。从此冯谖才不再唱发牢骚的歌了。

【原文】

　　后孟尝君出记①，问门下诸客:"谁习计会②，能为文收责于薛③乎？"冯谖署④曰："能。"

　　孟尝君怪之，曰："此谁也？"左右曰："乃歌夫'长铗归来'者也！"孟尝君笑曰："客果有能也，吾负⑤之，未尝见也。"

【注释】

①后孟尝君出记：后来孟尝君出文告征询他的门客。记，文告。

②计会：指今所谓会计。

③责："债"的古字。薛：孟尝君的领地，在今山东省枣庄附近。

④署：签，写。

⑤负：亏待。

【译文】

　　后来，孟尝君出文告询问他的门客："谁熟悉会计的事，能替我到薛地去收债吗？"冯谖在文告上签了自己的名字，说："我能。"孟尝君见了名字很惊奇，问："这是谁呀？"左右的人说："就是唱那'长铗归来'的人。"孟尝君笑道："这位客人果真有才能，我亏待了他，还没有接见过他呢。"

【原文】

　　请而见之，谢曰："文倦于事，愦①于忧，而性愞愚②，沉于国家之事，开罪于先生。先生不羞，乃有意欲为收责于薛乎？"冯谖曰："愿之。"于是约车治装③，载券契而行，辞曰："责毕收，以何市而反④？"孟尝君曰："视吾家所寡⑤有者。"

【注释】

①愦（kuì）：烦乱。

②怯愚：懦弱愚钝，谦辞。

③约车治装：准备车子服装。

④以何市而反：买些什么回来。市，买。反，回来，返回。

⑤寡：少。

【译文】

于是就派人把冯谖请来，孟尝君当面向他道歉说："我每天为事务奔忙，身心都很疲倦，忧思烦乱，再加上我生性愚笨懦弱，国家的政务又纠缠在身，以致怠慢了先生。所幸先生不介意这些，先生愿意替我去薛地收债吗？"冯谖说："我愿意去。"于是孟尝君就给冯谖准备车子服装，让他拿着所有债券和契约出发，临辞行时他问孟尝君："臣为贤公收完债后，要为贤公买些什么回来呢？"孟尝君回答说："看着买些我家里所缺少的东西吧。"

【原文】

驱而之①薛，使吏召诸民当偿者悉来合券。券遍合，起矫命②，以责赐诸民，因烧其券，民称万岁。

【注释】

①之：到。

②矫命：假传命令。

【译文】

冯谖坐上车子到达了薛地，他命官吏把所有应当还债的百姓集合起来核对债券。当债券对完之后，冯谖就假传孟尝君的命令，把要收的债款都赏给这些百姓，并且立刻焚毁了所有的债券和契约，百姓都高兴得高呼万岁。

【原文】

长驱到齐，晨而求见。孟尝君怪其疾也，衣冠①而见之，曰："责毕收乎？来何疾也！"曰："收毕矣。""以何市而反？"冯谖曰："君云'视吾家所寡有者'。臣窃计，君宫中积珍宝，狗马实外厩②，美人充下陈。君家所寡有者，以义耳！窃以为君市义。"

【注释】

①衣冠：穿上衣服，戴上帽子。
②厩：马棚，泛指牲口棚。

【译文】

然后冯谖马上又坐车回到齐都临淄，一大早就去见孟尝君。孟尝君奇怪他回来得这么快，于是就赶紧穿戴好衣帽接见冯谖，问道："债都收完了吗？回来得好快！"冯谖回答说："都收完了。""那你给我买什么东西回来了？"冯谖回答说："贤公曾对臣说'看着买些我家里所缺少的东西吧'。臣私下里盘算，认为贤公宫中堆积着珍宝，外面牲口棚里又有很多骏马和名狗，美女站满了堂下。所以臣认为贤公家中所缺的就是'义'，为贤公买了'义'回来。"

【原文】

孟尝君曰："市义奈何？"曰："今君有区区之薛，不拊爱子其民①，因而贾利②之。臣窃矫君命，以责赐诸民，因烧其券，民称万岁，乃臣所以为君市义也。"孟尝君不说③，曰："诺。先生休矣！"

【注释】

①拊爱：抚爱。子其民：视其民如子。
②贾利：用商人的手段取利。
③说：同"悦"。

扫码看视频

【译文】

孟尝君问："买义是怎么一回事？"冯谖回答说："现在贤公只有这小小的一块薛地，贤公不但不爱护薛地的百姓，反倒像商人一般向他们谋取利益。因此臣才私自假传贤公的命令，把所有债款都赏给那些人，并当场烧毁了所有债券，百姓莫不欢喜得高呼万岁，这就是臣为贤公所买的义。"孟尝君听了这话很不高兴地说："我都知道了，先生去休息吧！"

【原文】

后期年，齐王谓孟尝君曰："寡人不敢以先王之臣为臣①。"孟尝君就国②于薛。未至百里，民扶老携幼，迎君道中。孟尝君顾谓冯谖曰："先生所为文市义者，乃今日见之。"冯谖曰："狡兔有

三窟，仅得免其死耳。今君有一窟，未得高枕而卧也。请为君复凿二窟。"

【注释】

　　①寡人不敢以先王之臣为臣：我不敢用先王的臣子做臣子，即罢免其官职。

　　②就国：回到自己的领地。

【译文】

　　过了一年，齐王对孟尝君说："寡人不敢用先王的臣子做臣子。"孟尝君只好回到自己的封地薛城去，还差一百里路，薛地的百姓就扶老携幼在路上迎接他。这时他回过头来对冯谖说："先生以前为我买的义，我今天算是看到了。"冯谖说："狡猾的兔子有三个洞，但是也只不过得以免掉一死罢了。如今贤公才只有一个洞，还不能高枕无忧。请让臣再给贤公多挖两个洞。"

【原文】

　　孟尝君予车五十乘，金五百斤，西游于梁，谓惠王曰："齐放其大臣孟尝君于诸侯，诸侯先迎之者，富而兵强。"于是，梁王虚①上位，以故相为上将军，遣使者，黄金千斤，车百乘，往聘孟尝君。冯谖先驱，诫孟尝君曰："千金，重币也；百乘，显使也。齐其②闻之矣。"

【注释】

　　①虚：空出。

　　②其：语气词，表示推测、揣度。

【译文】

　　于是孟尝君就给冯谖五十辆车子和五百两黄金，派他到西面的梁国去游说，对梁惠王说："齐王把他的大臣孟尝君放逐到外地去，哪个诸侯先迎接他，就可以富国强兵。"于是梁王就空出最高的职位，把原来的相国调任为上将军，另外派了一个使者带了一千斤黄金和一百辆兵车，到薛地去聘请孟尝君。冯谖先赶回薛地告诫孟尝君说："一千斤黄金是极贵重的聘礼，一百辆兵车是极显耀的使节，齐王应该听到这件事了。"

【原文】

　　梁使三反，孟尝君固辞①不往也。齐王闻之，君臣恐惧，遣太傅赍②黄金千斤，文车二驷，服剑一，封书谢孟尝君曰："寡人不祥，被③于宗庙之祟，沉于谄谀之臣，开罪于君，寡人不足为也。愿君顾先王之宗庙，姑反国统万人乎？"

【注释】

　　①固辞：坚决推辞。

　　②赍（jī）：赠送。

　　③被：遭到。

【译文】

　　梁国的使节往返了多次，孟尝君都坚决推辞不去梁国。齐王听到了这个消息以后，君臣都非常恐惧，就派太傅带上黄金一千斤、彩车两辆、佩剑一把，另外又附了一封信，向孟尝君谢罪说："我很不幸，撞上祖宗、神灵降下来的灾祸，才糊里糊涂听了谄媚阿谀之臣的话，以致得罪了贤公。寡人不值得您辅佐，希望贤公能顾念先王的宗庙，暂且回国治理万民好吗？"

【原文】

　　冯谖诫孟尝君曰："愿请先王之祭器，立宗庙于薛①。"庙成，还报孟尝君曰："三窟已就，君姑高枕为乐矣。"

【注释】

①立宗庙于薛：在薛地建立宗庙，这样可以巩固孟尝君的地位。

【译文】

冯谖告诫孟尝君说："请贤公乘这个机会把先王的祭器移来薛地建立宗庙。"薛地的宗庙建成以后，冯谖回来向孟尝君汇报说："贤公的三个洞都已经挖好，从此贤公就可以高枕无忧、安享快乐了！"

【原文】

孟尝君为相数十年，无纤介之祸①者，冯谖之计也。

【注释】

①无纤介之祸：没有丝毫灾祸。纤介，细小。

【译文】

孟尝君在齐做了几十年相国，一直没有遭受丝毫灾祸，这都是靠冯谖的计谋啊。

点名师评

"仁义"是巨大的无价资产，冯谖用有价有形的债券为孟尝君换购到无价无形的民心，可谓本小利大。在营造"狡兔三窟"的过程中，冯谖巧妙利用魏王和齐王得不到为最好，失去才珍贵的不同心理，为孟尝君开创了最为有利的局面。冯谖帮助孟尝君在齐国权力交替的局势中保住了地位，其才能与远见，以及突出的性格描绘，都给我们留下了深刻印象。

齐王使使者问赵威后

名师导读

　　齐王派遣使者问候赵威后，还未打开书信，赵威后就先询问使者今年齐国的收成、百姓状况，后才问齐王的情况。使者以为这是先贱后贵而不高兴。赵威后告诉他：没有收成就无法养活百姓，没有了百姓齐王还能称王吗？之后赵威后又询问齐国几位贤德之人和孝女的状况，认为治理国家应该表彰正义之士，批判德行有亏的人。

【原文】

　　齐王使使者问赵威后①，书未发，威后问使者曰："岁亦无恙耶？民亦无恙耶？王亦无恙耶？"使者不说，曰："臣奉使使威后，今不问王而先问岁与民，岂先贱而后尊贵者乎？"威后曰："不然。苟无岁，何以有民？苟无民，何以有君？故有舍本而问末者耶？"

【注释】

　　①齐王：指齐襄王，田氏，名法章，齐闵王子，公元前283—公元前265年在位。赵威后：赵惠文王妻。公元前266年，赵惠文王卒，子孝成王立，年幼，由赵威后摄政。

【译文】

　　齐王派使者去问候赵威后，书信还未启封，赵威后就问使者道："年成不错吧？百姓平安无事吧？大王身体好吧？"使者听了不大高兴，说："我奉命来聘问太后，如今您不先问齐王却先问年成和百姓，难道能把卑贱的放在前边而把尊贵的放在后边吗？"威后说："不对。如果没有好年成，百姓靠什么生活呢？如果没有百姓，怎么有国君呢？哪有撇开根本而先问枝节的呢？"

【原文】

　　乃进而问之曰："齐有处士曰钟离子，无恙耶？是其为人也，有粮者亦食①，无粮者亦食；有衣者亦衣②，无衣者亦衣。是助王养其民者也，何以至今不业也？叶阳子无恙乎？是其为人，哀鳏寡③，恤孤独④，振困穷，补不足，是助王息其民者也，何以至今不业也？北宫之女婴儿子无恙耶？彻其环瑱⑤，至老不嫁，以养父母，是皆率民而出于孝情者也，胡为至今不朝也？此二士弗业，一女不朝，何以王齐国，子万民乎？於陵子仲⑥尚存乎？是其为人也，上不臣于王，下不治其家，中不索交诸侯。此率民而出于无用者，何为至今不杀乎？"

【注释】

　　①食（sì）：动词，供养，拿东西给人吃。

　　②衣：前一个"衣"为名词，衣服；后一个"衣"为动词，拿衣服给人穿。

　　③鳏（guān）寡：老而无妻曰鳏，老而无夫曰寡。

　　④孤独：老而无子曰孤，幼而无父曰独。

　　⑤环瑱（tiàn）：妇女的首饰。环，指耳环、臂环之类。瑱，垂在耳边的玉饰。

⑥於（yú）陵子仲：齐国隐士，陈氏，又称陈仲子。於陵，地名，齐邑，在今山东邹平东南。

【译文】

于是赵威后又进一步问："齐国有个叫钟离子的隐士，他还好吗？他的为人是这样呀：不论有粮或无粮的，他都给他们饭吃；不管有衣服还是没有衣服的，他都给他们衣穿。这是个帮助大王养活百姓的人，为什么至今还不给他个官职呢？叶阳子安好吗？他的为人是这样呀：同情鳏寡孤独，救济缺吃少穿的人。他是个帮助国君使百姓安宁的人，为什么现在还不让他出来建功立业呢？北宫家的孝女婴儿子还好吗？她摘掉首饰，到老不嫁，为的是奉养父母，这是给百姓做出行孝的表率啊，为什么至今还不让她朝见君王呢？这两个贤士不能为国效力，一个孝女没入朝觐见，齐王靠什么来治理国家，抚爱百姓呢？於陵子仲还活着吗？他的为人是这样呀：上不向大王称臣，下不去治理他的家，中不和诸侯交往。这是带领百姓无所事事，为什么至今还不杀掉他呢？"

名师点评

赵威后是个思想开明的领导者，在她身上表现出一定的民本思想。她非常明确治国须以民为本，百姓是君王赖以生存的基础，因此了解百姓生活质量，树立正义为主的民风，打击歪风邪气，才是领导者最该做的事。在战国时期的赵威后就有这样的远见卓识，实属不易。

苏秦说齐闵王

名师导读

　　苏秦游说齐闵王的主要观点是：国家要进行战争，就要后发制人，既避免率先发动战争的恶名，又能站在道义的制高点上借势获得主动权。苏秦用弓与弦、剑与使剑的人力来说明借势的重要性，并举出赵国偷袭卫国，卫国后发制人，借势魏国，最后打败赵国的例子来说明道理。其后，又借秦、魏之战来证实策划和谋略在战争中的重要性。

【原文】

　　苏秦说齐闵王曰："臣闻用兵而喜先天下者忧，约结而喜主怨者孤。夫后起者藉①也，而远怨者时也。是以圣人从事，必藉于权，而务兴于时。夫权藉者，万物之率也；而时势者，百事之长也②。故无权藉，倍时势，而能事成者寡③矣。

【注释】

　　①藉：凭借。
　　②时势者，百事之长也：利用时势是做任何事情的核心。
　　③寡：少。

扫码看视频

【译文】

苏秦游说齐闵王道："臣听说，用兵而喜欢首先发难的，必然有后患；约集盟国而带头攻打别国，导致众怒的，必然陷于孤立。所以说，有所凭借就可以后发制人，顺应时势方能远离怨恨。所以圣人开创事业，必然借力顺势，并且不失时机地行动。借力顺势，是统率万物的关键；利用时势，是做任何事情的核心。所以不凭借时势，违背时势，却能办成大事的太少了。

【原文】

"今虽干将、莫邪①，非得人力，则不能割刿矣；坚箭利金，不得弦机之利，则不能远杀矣。矢非不铦②，而剑非不利也，何则？权藉不在焉。

【注释】

①干将、莫邪：宝剑名称。
②铦（xiān）：锋利。

【译文】

"现在虽然有干将、莫邪等宝剑，但是如果没有人力的运用，就不能切割东西；虽有坚硬的箭杆和锐利的箭头，如果得不到弓弦、弩机的配合，就不能射杀远处的敌人。箭并不是不锐利，剑也不是不锋利，那是什么缘故呢？因为没有借力顺势。

【原文】

"何以知其然也？昔者赵氏袭卫，车不舍人不休，傅卫国，城刚平①，卫八门土而二门堕矣，此亡国之形也。卫君跣行②，告溯于魏。

魏王身被甲底剑，挑赵索战。邯郸之中骜，河、山③之间乱。卫得是藉也，亦收余甲而北面，残刚平，堕④中牟之郭。

……

【注释】

①刚平：地名。卫邑，在今河南清丰西南。

②跣（xiǎn）行：光着脚逃命。

③河、山：特指黄河、太行山。

④堕：毁坏。

【译文】

"如何知道是这样呢？从前赵国袭击卫国，车不停顿，人不休息，逼近了卫都，修筑刚平城以侵卫国，当时卫国有八道城门被堵塞，两道城门被毁，这就是亡国的情形。卫国君主光着脚去向魏国告急。魏武侯身披甲胄，手持锋利的剑向赵国挑战。赵都邯郸城中战马奔驰，黄河与太行山之间一片混乱。卫国利用这一形势，也收拾残兵向北进攻，夺取刚平，毁坏了赵邑中牟的外城。

……

【原文】

"卫鞅谋于秦王曰：'夫魏氏其功大而令行于天下，有十二诸侯而朝天子，其与必众，故以一秦而敌大魏，恐不如。王何不使臣见魏王，则臣请必北魏①矣。'秦王许诺。

【注释】

①北魏：击败魏国。

【译文】

"卫鞅对秦王献计说：'魏国因功劳大而令行天下，又率诸侯朝拜周天子，诸侯都拥护他，现在以秦国一国之力来对付强大的魏国，恐怕不行。大王何不让我去见魏王，那我就有办法打败魏国。'秦王答应了卫鞅的请求。

【原文】

"卫鞅见魏王曰：'大王之功大矣，令行于天下矣。今大王之所从十二诸侯，非宋、卫也，则邹、鲁、陈、蔡，此固大王之所以鞭箠①使也，不足以王天下。大王不若北取燕，东伐齐，则赵必从矣；西取秦，南伐楚，则韩必从矣。大王有伐齐、楚心，而从天下之志，则王业见矣。大王不如先行王服，然后图齐、楚。'魏王说于卫鞅之言也，故身广公宫，制丹衣，柱建旌九斿②，从七星之旟③，此天子之位也，而魏王处之。于是齐、楚怒，诸侯奔齐。齐人伐魏，杀其太子，覆其十万之军④。魏王大恐，跣行按兵于国而东次于齐，然后天下乃舍之。当是时，秦王垂拱受西河之外，而不以德魏王。

【注释】

①箠（chuí）：马鞭。

②斿（liú）：旗上的飘带。

③七星之旟（yú）：画有朱雀七星的旗。

④覆其十万之军：指公元前341年，魏、齐马陵之战。魏败，太子申被杀。

【译文】

　　"卫鞅见到魏王说：'大王功劳大，可以号令天下了。现在大王所率领的十二个诸侯，不是宋、卫，就是邹、鲁、陈、蔡这些小国，他们本来就是受大王驱使的，不能让大王成就王业。大王不如向北攻打燕国，向东攻打齐国，那么赵国就会归附魏国；向西攻打秦国，向南攻打楚国，那么韩国就会归附魏国。大王有伐齐、楚之心，并有使天下归顺的大志，那么称王大业就可以实现了。大王不如先穿上王者服饰，然后再去攻打齐、楚。'魏王听信了卫鞅的说辞，其宫室、衣服、车旗等都按照王者的规格来配置，天子能享受的，魏王都享受了。齐、楚两国为此大为愤怒，诸侯都投向齐国。齐国出兵攻魏，杀魏太子，大败魏军。魏王大为恐慌，光着脚下令全国不要出兵，屈身朝齐，然后诸侯才放弃攻魏。这时，秦王不费吹灰之力就得到了魏国西河之外的大片土地，但并不感谢魏王。

【原文】

　　"故卫鞅之始与秦王计也。谋约不下席，言于尊俎之间，谋成于堂上，而魏将①以禽于齐矣；冲橹未施，而西河之外入于秦矣。此臣之所谓北之堂上，禽将户内，拔城于尊俎之间，折冲席上者也。"

【注释】

　　①魏将：指庞涓。

【译文】

　　"所以，这一开始就是卫鞅和秦王商量好的计策。在酒席宴间订好计谋，在庙堂之上订好计策，就让魏将被齐国活捉；攻城的武器都未使用，魏国西河之外的土地都归了秦国。这就是我所说的败敌于庙堂之上，擒敌将于户庭之内，攻取城池于酒宴之间，制敌取胜于坐席之上的策略。"

点名师评

苏秦在对齐闵王的谏言中针对借势的方法提出了很新颖的观点：一是后发制人的常规借势；二是利用谋略制造出借势的机会，使自己始终站在道义的制高点上。因为在国与国的关系、人与人的相处中，能率先站在道义的制高点上，就几乎立于不败之地了。

延伸/阅读

孟尝君

孟尝君原名田文，是战国时期齐国贵族，齐威王田因齐的孙子，靖郭君田婴的儿子，齐宣王田辟疆之侄，与平原君赵胜、信陵君魏无忌、春申君黄歇并称为"战国四公子"。因其父靖郭君田婴封地在薛城，所以孟尝君又被称为薛公。战国时期养士之风很是流行，这当中以战国四公子最为出名。孟尝君广纳贤才，门下食客数千，田文对于来到门下的宾客都热情接纳，不挑拣，无亲疏，一律给予优厚的待遇。当然，门客们也给了孟尝君很大的帮助，尤其是冯谖对他的帮助十分巨大。田文后拜为齐相，领齐、韩、魏三国之兵合纵攻秦。

思考问答

☆ 苏秦是怎么劝阻孟尝君去秦国的？
☆ 苏秦是怎么游说齐王加入赵国倡导的合纵联盟的？

楚 策

张仪为秦破从连横

名师导读

苏秦合纵六国抗秦，给秦国带来很大的压力。于是，秦王让苏秦的同学张仪去拆散合纵联盟。张仪来到合纵联盟的核心国家——楚国，用一套说服力极强的话语劝楚怀王与秦国连横。刚刚继位的楚怀王听信了张仪的话，合纵联盟迅速瓦解了。

【原文】

张仪为秦破从连横，说楚王曰："秦地半天下，兵敌四国，被山带河，四塞以为固。虎贲之士①百余万，车千乘，骑万匹，粟如丘山。法令既明，士卒安难乐死，主严以明，将知以武。虽无出兵甲，席卷常山之险，折天下之脊，天下后服者先亡。且夫为从者，无以异于驱群羊而攻猛虎也。夫虎之与羊，不格②明矣。今大王不与猛虎而与群羊，窃以为大王之计过矣。

【注释】

①虎贲（bēn）之士：勇猛的兵士。

②格：格斗，抗争。

扫码看视频

【译文】

张仪为了秦国破坏合纵、建立连横阵线，游说楚王说："秦国的地盘占了天下的一半，兵力足以抵挡四方的国家，有山环水绕的地理优势，四面都有险阻，可以坚守。勇猛的士兵上百万，战车千辆，战马万匹，粮食堆积成山。法令严明，士兵安于危难而乐于牺牲，君主威严而贤明，将帅聪慧而勇敢。只是不出兵罢了，一旦出兵就可以占据险峻的常山，切断诸侯的要害之地，诸侯中最后服从的一定最先灭亡。再说主张合纵阵线的人，无异于驱赶羊群去进攻猛虎。猛虎和绵羊不用格斗，胜负大家都很明白。现在大王不依靠猛虎却亲近一群绵羊，我认为大王的主意错了。

【原文】

"凡天下强国，非秦而楚，非楚而秦，两国敌侔①交争，其势不两立。而大王不与秦，秦下甲兵据宜阳，韩之上地不通；下河东，取成皋，韩必入臣于秦。韩入臣，魏则从风而动。秦攻楚之西，韩、魏攻其北，社稷岂得无危哉？且夫约从者，聚群弱而攻至强也。夫以弱攻强，不料敌而轻战，国贫而骤②举兵，此危亡之术也！

【注释】

①侔（móu）：相当。
②骤：频繁。

【译文】

"总计天下的强国，不是秦国就是楚国，不是楚国就是秦国，两国势均力敌，互相争斗，一定是势不两立。如果大王不亲附秦国，秦国出兵占领宜阳，韩国的上党要道就会被切断；秦国攻下河东，夺取成皋，韩国一定会投降，归顺秦国为臣。韩国归顺以后，魏国就会闻风而动。

秦国攻打楚国的西面，韩、魏进攻楚国的北面，楚国怎么会不危险呢？再说组织合纵的人，聚集一些弱国去攻打极强的国家，以弱国攻打强国，不估量对方的力量而轻易交战，国家贫穷却频繁用兵，这是招致危亡的做法。

【原文】

"臣闻之：'兵不如者，勿与挑战；粟不如者，勿与持久。'夫从人者，饰辩虚辞①，高主之节行，言其利而不言其害，卒有秦祸，无及为已！是故愿大王之熟计之也。

【注释】

①饰辩虚辞：指说话夸夸其谈，花言巧语。

【译文】

"我听说：'军队不如人家的强大，就不要挑起战争；粮食不如人家的多，就不要打持久战。'鼓吹合纵的人，夸夸其谈，花言巧语，拔高主上不事秦的行为，只说合纵有利的一面，不讲不利的一面，一旦招来秦国的战祸，就来不及挽救了！因此希望大王认真地考虑这个问题。

【原文】

"秦西有巴蜀，方船①积粟，起于汶山②，循江而下，至郢三千余里。舫船载卒，一舫载五十人，与三月之粮，下水而浮，一日行三百余里；里数虽多，不费马汗之劳，不至十日而距扞关。扞关惊，则从竟陵已东，尽城守矣，黔中、巫郡非王之有已。

【注释】

①方船：两条船并联在一起称为"方船"。

②汶山：山名。即岷山，在四川省中北部，绵延川、甘两省边境。

【译文】

"秦国西面有巴郡、蜀郡，两船并行装运粮食，从汶山出发，沿长江而下，到达郢都三千多里。用大船运送士兵，每船装载五十人和三个月的粮食，顺水而下，每天行驶三百多里；路程虽然长，然而不费牛马的力气，不用十天就能到达扞关。扞关吃紧，那么竟陵以东全都要筑城而守，黔中、巫郡将不属大王所有了。

【原文】

"秦举甲出之武关，南面而攻则北地①绝。秦兵之攻楚也，危难在三月之内；而楚恃②诸侯之救，在半岁之外，此其势不相及也。夫恃弱国之救而忘强秦之祸，此臣之所以为大王之患也！且大王尝与吴人五战三胜而亡之，陈卒尽矣；有偏守新城而居民苦矣。臣闻之：'攻大者易危，而民弊者怨于上。'夫守易危之功而逆强秦之心，臣窃为大王危之。

【注释】

①北地：楚地，指今河南信阳北部地区。
②恃：依靠，依赖。

【译文】

"秦国发兵出武关，向南进攻，那么楚国北部边地就被断绝联系。秦军攻打楚国，不出三个月，楚国就会面临危难；而楚国等待诸侯救援，要半年以上，这肯定来不及。依靠弱国援救而忘记强秦的祸患，这是我替大王担忧的原因。再说，大王曾经和吴国交战，虽然五战三胜而败敌，但阵地上的士兵都死光了；楚军又远守新夺取的城邑，而活着的百姓就苦了。我听说：'进攻强大的国家易遭危险，百姓疲惫就怨恨君上。'为了追求易遭危险的功业而违背强秦的心意，我暗地里替大王感到危险。

【原文】

"且夫秦之所以不出甲于函谷关十五年以攻诸侯者，阴谋有吞天下之心也。楚尝与秦构难①，战于汉中，楚人不胜，通侯执珪死者七十余人，遂亡汉中。楚王大怒，兴师袭秦，战于蓝田，又却。此所谓两虎相搏者也。夫秦、楚相弊②，而韩、魏以全制其后，计无过于此者矣，是故愿大王熟计之也。

【注释】

①构难：结仇交战。
②相弊：互相削弱。弊，疲弊。

【译文】

"再说秦国之所以十五年不曾出兵函谷关攻打各诸侯国，是因为它有吞并天下的野心，一直忙于暗中策划。楚国曾经和秦国在汉中交战，楚国失败，有通侯之爵和执珪之爵的战死了七十多人，于是汉中失守。大王非常生气，又发兵攻击秦国，在蓝田交战，又被打败。这就是常言说的两虎相斗啊。秦、楚两国互相削弱，而韩、魏两国却保存实力，趁机控制它们的后方，没有比这更错误的计策了，所以希望大王仔细地考虑这个问题。

【原文】

"秦下兵攻卫阳晋，必扃天下之匈①。大王悉起兵以攻宋，不至数月而宋可举。举宋而东指，则泗上十二诸侯尽王之有已。凡天下所信约从亲坚者苏秦，封为武安君而相燕，即阴②与燕王谋破齐共分其地。乃佯③有罪，出走入齐，齐王因受而相之。居二年而觉，齐王大怒，车裂苏秦于市。夫以一诈伪反覆之苏秦，而欲经营天下，混一诸侯，其不可成也亦明矣。

【注释】

①扃（jiōng）天下之匈：封锁诸侯的交通要道。扃，窗户，在此引申为关闭。
②阴：暗中。
③伴：假装。

【译文】

"秦国出兵攻打卫国的阳晋，必然卡住诸侯的交通要道。大王出动全部军队去攻打宋国，不到几个月就可以攻下。攻下宋国然后挥师东进，那么泗水流域各小诸侯国就会归大王所有了。天下信守合纵盟约的人只有苏秦，他被封为武安君，在燕国做了相国以后，就暗中与燕王商议攻破齐国，瓜分其土地。于是苏秦假装得罪燕王，从燕国逃亡到齐国，齐王收留了他，并且让他担任相国。过了两年这阴谋才被发觉，齐王非常恼火，在街市上把苏秦五马分尸。靠一个欺诈虚伪的苏秦，就想控制天下，统一各国，不可能成功也是很明白的了。

【原文】

"今秦之与楚也，接境壤界，固形亲之国也。大王诚能听臣，臣请秦太子入质于楚，楚太子入质于秦，请以秦女为大王箕帚之妾，效万家之都，以为汤沐之邑，长为昆弟之国，终身无相攻击。臣以为计无便于此者①。故敝邑秦王使使臣献书大王之从车下风，须②以决事。"

【注释】

①计无便于此者：没有比这更好的计策了。
②须：等待，等候。

【译文】

"现在秦国和楚国国土相接，形势上本来就是亲密的国家。大王如果能听取我的意见，我将请秦王派太子来楚国做人质，大王也派太子到秦国做人质，我并请秦王的女儿做侍奉大王的姬妾，进献居民万户的都邑，并收取赋税作为大王的沐浴费用，两国长久地做兄弟邻邦，永远互不攻击。我认为没有比这更好的计策了。所以敝国秦王派我来向大王递交盟书，我等待大王的答复。"

【原文】

楚王曰："楚国僻陋，托东海之上。寡人年幼，不习国家之长计。今上客幸教以明制，寡人闻之，敬以国从。"乃遣车百乘，献骇鸡之犀、夜光之璧于秦王。

【译文】

楚王说："楚国地处僻远，风俗粗野，寄居在东海之滨。我年纪轻，不懂什么是国家长远之计。现在承蒙贵客的英明教导，我听了您的高见后，愿意把国事委托给您。"于是派出百辆车子，向秦王进献骇鸡犀角和夜光宝璧。

名师点评

楚国是有能力与秦国对抗的诸侯国，但天真的楚怀王没有吞并天下的野心，只是贪图眼前的利益，因此被张仪的三寸不烂之舌打动，主动与秦国交好，让合纵联盟无疾而终。张仪善于分析局势，又能抓住人的趋利避害心理来进言，实现了目的。

楚襄王为太子之时

名师导读

　　楚襄王做太子时曾在齐国做人质，其父死后，襄王请辞回国即位，齐王乘机要挟他献出楚国东边的土地五百里，襄王听从老师慎子的建议，答应了齐王的要求。襄王即位以后，齐国索要楚东五百里土地，大臣子良建议给了再打，昭常建议亲自带兵去守卫东土，景鲤建议不给但要马上向秦国求救，慎子则主张三策并用，最后解决了齐国所带来的棘手问题，维护了楚国的领土完整。

【原文】

　　楚襄王为太子之时，质于齐①。怀王薨②，太子辞于齐王而归。齐王隘③之："予我东地五百里，乃归子。子不予我，不得归。"太子曰："臣有傅④，请追而问傅。"傅慎子曰："献之地，所以为身也。爱地不送死父，不义。臣故曰献之便。"太子入，致命齐王曰："敬献地五百里。"齐王归楚太子。

【注释】

　　①质于齐：在齐国做人质。

②薨（hōng）：古代帝王、诸侯的死称为薨。

③谥：阻拦，阻挡。

④傅：指太子的老师。

【译文】

楚襄王做太子的时候，曾在齐国做人质。楚怀王死了，太子就向齐闵王请辞，想回楚国去。齐闵王阻止他，说："你割让东地五百里给我，我才同意你回去；你不给我，就不放你回去。"太子说："我有位老师，让我去问问他。"太子的老师慎子说："给齐国割让土地，能保全你自己；舍不得土地就不能回国为你父亲送葬，这是不义。所以我说还是割让土地有利。"太子入朝，回复齐闵王说："我愿意敬献五百里土地。"齐闵王这才放太子回国。

【原文】

太子归，即位为王。齐使车五十乘，来取东地于楚。楚王告慎子曰："齐使来求东地，为之奈何？"慎子曰："王明日朝群臣，皆令献其计。"

上柱国子良①入见。王曰："寡人之得来反②，王③坟墓、复群臣、归社稷也，以东地五百里许齐。齐今使来求地，为之奈何？"

【注释】

①上柱国：官职名。子良：楚国臣子。

②反：回来，返回。

③王：一说应为"主，主持"之意。

【译文】

　　太子回到楚国，即位做了楚王。齐国派了使车五十辆，来向楚国索取东地。楚王告诉慎子说："齐国使者来索要东地，该怎么办呢？"慎子说："大王明天召见群臣，让他们都说说自己的看法。"

　　第二天，上柱国子良来拜见楚王。楚王说："我能够回到楚国来，主持先王的祭祀，使群臣各归其位，主持国政，是因为我答应割让东地五百里给齐国。现在齐国派使臣来索要土地，这可怎么办呢？"

【原文】

　　子良曰："王不可不与也。王身出玉声，许强万乘之齐而不与，则不信，后不可以约结诸侯。请与而复攻之。与之信，攻之武。臣故曰与之。"

　　子良出，昭常①入见。王曰："齐使来求东地五百里，为之奈何？"昭常曰："不可与也。万乘者，以地大为万乘。今去东地五百里，是去战国之半也，有万乘之号而无千乘之用也，不可。臣故曰勿与。常请守之。"

【注释】

　　①昭（zhāo）常：楚国臣子。

【译文】

　　子良说："大王不能不给。大王金口玉言，亲口答应了万乘之强齐，如果不兑现，那就是不讲信用，以后就没办法和诸侯打交道了。请先给齐国割地，然后再出兵攻打齐国。给齐国割地，表示守信用；攻打它，表示不示弱。所以我说还是割地给齐国。"

子良出来以后，昭常进来拜见楚王。楚王说："齐国使者来索取东地五百里，该怎么办呢？"昭常说："不能给他。万乘大国，是因为土地广阔才成为万乘大国的。如果割去东地五百里，这就割掉了国家的一半啊，这样楚国虽然有万乘大国的名号，却连千乘之国的实力都没有，这样做不行。所以我说不能给。我愿意去守卫东地。"

【原文】

昭常出，景鲤①入见。王曰："齐使来求东地五百里，为之奈何？"景鲤曰："不可与也。虽然，楚不能独守。王身出玉声，许万乘之强齐也，而不与，负不义于天下。楚亦不能独守。臣请西索救②于秦。"

景鲤出，慎子入，王以三大夫计告慎子曰："子良见寡人曰：'不可不与也，与而复攻之。'常见寡人曰：'不可与也，常请守之。'鲤见寡人曰："不可与也，虽然，楚不能独守也，臣请索救于秦。'寡人谁用于三子之计？"

【注释】

①景鲤：楚国臣子。
②索救：请求支援

【译文】

昭常出来以后，景鲤进去拜见楚王。楚王说："齐国派使臣来索取东地五百里，这可怎么办呢？"景鲤说："不能给他。但即使如此，楚国也不能单凭自己的力量守住东地。大王金口玉言，亲口答应了万乘之强齐却不给，会在天下人面前背上不讲信用的罪名。楚国既然不能单独防守，我愿意往西到秦国去请求支援。"

景鲤出来以后，慎子又进去，楚王把三个大夫的主意都告诉了慎子，说："子良对我说：'不能不给齐国割地，给了以后再进攻它。'昭常对我说：'不能给齐国割地，我愿意守卫东地。'景鲤对我说：'不能给齐国割地，但是楚国不能独自守卫东地，我愿意到秦国去请求救兵。'我到底该用三人中谁的计策呢？

【原文】

慎子对曰："王皆用之。"王怫然①作色曰："何谓也？"慎子曰："臣请效其说，而王且见其诚然也。王发上柱国子良车五十乘，而北献地五百里于齐。发子良之明日②，遣昭常为大司马，令往守

东地。遣昭常之明日，遣景鲤车五十乘，西索救于秦。"王曰："善。"乃遣子良北献地于齐。遣子良之明日，立昭常为大司马，使守东地。又遣景鲤西索救于秦。

【注释】

①怫（fú）然：生气的样子。
②明日：第二天。

【译文】

慎子回答说："大王全都采用。"楚王满脸不高兴地说："你这是

什么意思？"慎子说："请让我说说我的想法，然后大王就会知道事情确需如此。大王派遣上柱国子良带领五十辆兵车，往北到齐国去进献东地五百里。派遣子良的第二天，再任命昭常为大司马，让他去守卫东地。派遣昭常的第二天，再派景鲤带领五十辆车，往西到秦国去请求救兵。"楚王说："好。"于是派子良往北到齐国去献地。派遣子良的第二天，又任命昭常为大司马，让他去守卫东地，又派遣景鲤往西到秦国去请求救兵。

【原文】

子良至齐，齐使人以甲受东地。昭常应齐使曰："我典主①东地，且与死生。悉五尺至六十②，三十余万弊甲钝兵，愿承下尘。"齐王谓子良曰："大夫来献地，今常守之，何如？"子良曰："臣身受命弊邑之王，是常矫也。王攻之。"

【注释】

①典主：管理。
②五尺至六十：从儿童到老人。

【译文】

子良到了齐国，齐国派人带兵来接收东地。昭常回答齐国使者说："我主管东地，将与东地共存亡。我已征召从儿童到老人共三十多万人全部从军，虽然我们的铠甲破旧，兵器不利，但是愿意对阵一战。"齐闵王对子良说："您来献地，昭常却在那里守卫，这是怎么回事？"子良说："我是亲自从敝国君王那里接受的命令，至于昭常守卫东地，那是他假传王命。大王可以去攻打他。"

【原文】

齐王大兴兵攻东地，伐昭常。未涉疆，秦以五十万临①齐右壤。曰："夫隘楚太子弗出，不仁；又欲夺之东地五百里，不义。其缩甲②则可，不然，则愿待战。"齐王恐焉。乃请子良南道楚，西使秦，解齐患。士卒不用，东地复全。

【注释】

①临：逼近。
②缩甲：退兵。

【译文】

齐闵王大举出兵进攻东地，讨伐昭常。齐军还没有进入东地疆界，秦国就派出五十万大军逼近齐国西部地区。秦将说："你们阻止楚太子不让他回国，这样做不仁；又想掠夺楚国东地五百里，这样做不义。你们如果收兵便罢，不然的话，我们就准备决一死战。"齐闵王很害怕，于是就请求子良返回楚国，往西出使秦国，去解除齐国的祸患。楚国没有使用一兵一卒，就保全了东地。

点名师评

集思广益、博采众长是本篇文章给后人最大的教益。慎子在重大事件决策前，广泛听取意见，认真分析利弊，总结归纳出所有意见中最合理的部分，进行综合运用，这的确是解决难题的好办法。

延伸/阅读

慎 子

慎子原名慎到，战国时期法家创始人之一。《史记》说他专攻"黄老之术"。齐宣王、齐闵王时他曾在稷下学宫讲学多年，有不少学生，是稷下学宫中最有影响力的学者之一，在当时享有盛名。在稷下时，他与田骈、接子、环渊等有较多的交往。他们一起被齐王任命为大夫，受到尊敬。他主张"抱法处势""无为而治"。《史记》记载他的著作有《十二论》，《汉书·艺文志》的法家类著录《慎子》四十二篇。

思考问答

☆ 楚襄王的老师是谁？

☆ 楚国采用了哪三种谋略得以不费一兵一卒保全了东地？

知伯从韩、魏兵以攻赵

名师导读

　　知伯胁迫韩氏、魏氏出兵攻打赵氏，围困并水淹了晋阳城。郄疵从细微处看出了问题，提醒知伯说韩、魏两家必会背叛。知伯不相信郄疵的话，所以无法阻止事态的恶化。郄疵知多言无用，便主动请求出使齐国，保全了自己。

【原文】

　　知伯从韩、魏兵以攻赵，围晋阳而水之，城下不沉者三板。郄疵①谓知伯曰："韩、魏之君必反矣！"知伯曰："何以知之？"郄疵曰："以其人事知之。夫从韩、魏之兵而攻赵，赵亡，难必及韩、魏矣。今约胜赵而三分其地，今城不没②者三板，臼灶生蛙，人马相食，城降有日，而韩、魏之君无熹志而有忧色，是非反如何也？"

【注释】

　　①郄（xì）疵：晋人，知伯的谋臣。郄，姓。
　　②不没：没有淹没。

【译文】

　　知伯率领韩、魏两家的军队进攻赵襄子，围困了晋阳，并且往晋阳城内灌水，水面离城墙顶只有六尺。郄疵对知伯说："韩康子及魏桓子一定会背叛您。"知伯说："您怎么知道？"郄疵说："是根据他们的行为、表现知道的。您率领韩、魏两家的军队进攻赵氏，赵氏灭亡后，祸患必然落到韩、魏的头上。现在您与韩、魏约定战胜了赵襄子后三家平分其地。现在晋阳城被水淹得离城墙顶只剩下六尺，石臼和灶里进了水，出现了青蛙，城内人杀马食用以充饥，攻下晋阳城已指日可待，可是韩康子和魏桓子没有高兴起来，却面带愁容。这不是要反叛又是什么呢？"

【原文】

　　明日，知伯以告韩、魏之君，曰："郄疵言君之且反①也。"韩、魏之君曰："夫胜赵而三分其地，城今且将拔矣。夫二家虽愚，不弃美利于前，背信盟之约，而为危难不可成之事，其势可见也。是疵为赵计矣，使君疑二主之心而解于攻赵也。今君听谗臣之言，而离二主之交，为君惜之！"趋而出。

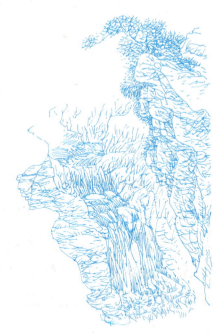

　　郄疵谓知伯曰："君又何以疵言告韩、魏之君为？"知伯曰："子安知之？"对曰："韩、魏之君视疵端而趋疾②。"

　　郄疵知其言之不听，请使于齐，知伯遣之。韩、魏之君果反矣。

【注释】

①反：背叛。
②趋疾：很快地走。

【译文】

第二天，知伯把郗疵这番话告诉了韩康子及魏桓子，说："郗疵说你们要背叛我。"韩康子、魏桓子说："战胜赵襄子，我们三家平分其地，晋阳城马上就要攻下了。我们两家虽然愚蠢，也不至于把眼前的利益抛掉，违背盟约，去做那种危险而又不可能成功的事，这是显而易见的。郗疵为赵襄子出谋划策，让您怀疑我们二人的诚心，放松对赵襄子的进攻。现在您听信奸臣搬弄是非的话，任他离间我们之间的关系，我们实在为您痛惜。"他们说完就快步走出去了。

郗疵对知伯说："您为什么又把我的话告诉韩康子和魏桓子呢？"知伯说："您怎么知道的？"郗疵回答说："韩康子、魏桓子看见我就发愣，有些惊慌，很快就走过去了。"

郗疵知道知伯不会听他的话，就请求出使到齐国去，知伯同意派遣他到齐国。后来韩康子、魏桓子果然背叛了知伯。

名师点评

一个好的领导人应该具备见微知著、防微杜渐的能力，以及善于综合、分析、采纳不同意见的能力。知伯恰恰缺少这两种能力，怎能不败？领导者领导的是人，工作的对象就是人，因此了解人的思想活动，掌握人的心理变化，善于接受不同意见是领导者必须具备的基本功。

武灵王平昼闲居

名师导读

为了富国强兵，赵武灵王决心取胡人之长补赵之短，提出了"着胡服""习骑射"的主张。但这一主张却遭到了尊古法、行古礼、恪守中原文化的大臣公子成、赵文、赵造等人的强烈反对。赵武灵王对反对势力进行了大量的说服工作，冲破各方阻力推行"胡服骑射"的改革，最终使赵国迅速强大起来。

【原文】

武灵王平昼①闲居，肥义②侍坐曰："王虑世事之变，权甲兵之用，念简、襄③之迹，计胡、狄之利乎？"

【注释】

①平昼：平日里。

②肥义：赵国的臣子。

③简、襄（xiāng）：指先王赵简子、赵襄子。

【译文】

赵武灵王平日闲坐时，肥义在一旁陪坐着，说："大王您是否想过世间形势的变化，权衡过兵力该如何使用，想念过简主和襄主的光辉业绩，谋划过怎样从胡、狄那里获得利益呢？"

【原文】

王曰："嗣立不忘先德，君之道也；错质务明主之长，臣之论也。是以贤君静而有道民便事之教，动有明古先世之功。为人臣者，穷①有弟长辞让之节，通有补民益主之业。此两者，君臣之分也。今吾欲继襄主之业，启胡、翟之乡，而卒世不见也。敌弱者，用力少而功多，可以无尽百姓之劳，而享往古之勋。夫有高世之功者，必负遗俗之累；有独知之虑者，必被庶人之恐。今吾将胡服骑射以教百姓，而世必议寡人矣。"

【注释】

①穷：不得志。

【译文】

赵武灵王回答说："继承王位不忘记先王的功德，这是君王的原则；献身于君主，使君主的功勋得以发扬，这是臣子们的原则。因此圣贤的国君平时就要对人民进行为国出力的教育，有战争的时候要建立超越古代、盖世无双的功绩。身为臣子的人，即使在不得志之时也要具有尊老、谦让的节操，官运亨通之时要做出对人民和国君有所裨益的功业。这两者就是君主和臣子的本分。如今我想要继续开拓襄主的事业，扩展胡、狄地区，担心永世都不被理解。如果是对付一般弱敌，不用花费很大的力气就能取得较多的功业，不必拖得百姓费尽辛劳，就能获得媲美先人的功勋。拥有很大功绩的人，一定会被世俗牵累；有独特的思想的人，一定会被普通人怨恨。如今我打算教育百姓穿胡服练习骑射，世人也必定会非议我。"

【原文】

肥义曰："臣闻之，疑事无功，疑行无名。今王即定负遗俗之虑，殆毋顾天下之议矣。夫论至德者不和于俗，成大功者不谋于众。昔舜舞有苗①，而禹袒入裸国，非以养欲而乐志也，欲以论德而要功也。愚者暗于成事，智者见于未萌，王其遂行之。"王曰："寡人非疑胡服也，吾恐天下笑之。狂夫之乐，知者哀焉；愚者之笑，贤者戚焉。世有顺我者，则胡服之功未可知也。虽驱世以笑我，胡地、中山吾必有之。"

【注释】

①有苗：亦称三苗，古时部落名。

【译文】

肥义说："我曾听闻，处理事情犹豫不决就无法成功，行动迟疑不定就不会成就功名。如今大王既然已经决定背弃世俗的想法，那就不要再考虑天下人的非议了。道德高尚的人不会附和俗见，建立丰功伟绩的人不会和一般人进行商议。昔日舜跳苗族的舞蹈，禹裸露着身子进入裸身的部落，并不是因为想要放纵情欲、怡乐心志，而是因为想要宣扬道德，立下功绩。愚蠢之人在事情完成之后还搞不清楚，聪慧之人在事情还没有发生之前就洞悉了，大王您还是赶紧施行吧。"赵武灵王说："我并非是疑虑'胡服骑射'，而是担心天下人嘲笑我。正如轻狂之人感到快乐的事，智慧之人却会感到悲哀；愚蠢之人为之兴奋的事，贤明者却会忧心。倘若有世人支持我的措施，那么改穿胡服的功绩就不可估量了。即使所有的人都嘲笑我，我也一定要占有胡地和中山。"

【原文】

王遂胡服。使王孙绁①告公子成②曰："寡人胡服，且将以朝，亦欲叔之服之也。家听于亲，国听于君，古今之公行也；子不反亲，臣不逆主，先王之通谊也。今寡人作教易服而叔不服，吾恐天下议之也。夫制国有常而利民为本，从政有经而令行为上。故明德在于论贱，行政在于信贵。今胡服之意，非以养欲而乐志也。事有所出，功有所止，事成功立，然后德且见也。今寡人恐叔逆从政之经，以辅公叔之议。且寡人闻之：'事利国者行无邪，因贵戚者名不累。'故寡人愿慕公叔之义，以成胡服之功。使绁谒之叔，请服焉。"

【注释】

①王孙绁（xiè）：赵国的臣子。
②公子成：赵武灵王的叔父。

【译文】

于是赵武灵王就改穿胡服。派王孙绁去对公子成说："我已经穿上了胡服，并且将要身着胡服上朝，希望王叔您也能穿上胡服。在家服从父母，在国服从君王，这是古往今来都要遵循的原则；子女不可以违抗父母，大臣不能违逆君主，这是先王以来一直通用的规矩。倘若现在我下令更改服装，王叔您不服从的话，我担心天下之人会非议此事。治理国家要有法度，并且要以利民为根本；管理政事要有规则，并且要以政令能够很好地执行为首要的准则。因此昭显德政关键在于对地位卑贱的民众有益，执行政令关键在于使显贵之人服从。如今我改穿胡服，并非为了放纵情欲、怡乐心志。事情只要开了头，功业就有成就的时候；事成功就，道德就显现出来了。如今我害怕王叔违逆了从政的规则，所以才帮助您分析一下。并且我曾听闻，只要做的是对国家有益的事，你的行为就不会出现偏差；依靠贵族的支持行事，就不会招致非议。因此我想要仰仗王叔的高义，建立改穿胡服的功勋。我特意派王孙绁拜见王叔，希望您能够改穿胡服。"

【原文】

公子成再拜曰："臣固闻王之胡服也，不佞①寝疾，不能趋走，是以不先进。王今命之，臣固敢竭其愚忠。臣闻之：'中国者，聪明睿知之所居也，万物财用之所聚也，贤圣之所教也，仁义之所施也，《诗》《书》《礼》《乐》之所用也，异敏技艺之所试也，远方之所观赴也，蛮夷之所义行也。'今王释此而袭远方之服，变古之教，易古之道，逆人之心，畔②学者，离中国，臣愿大王图之。"

【注释】

①不佞（nìng）：不才，是一种谦虚的表达。
②畔：通"叛"，背叛。

【译文】

公子成拜了两拜说："我原本就听闻大王已经改穿胡服了，只是因为我不才，卧病在床，行动不便，所以没能及早地向您提供意见。如今大王既已给我下了命令，我就大胆地说出我的看法吧。我曾听闻，中原地区，是聪明睿智的人生活的地方，是各种物资财富积聚的地方，是贤圣之人训教的地方，是仁义道德实施的地方，是《诗》《书》《礼》《乐》运用的地方，是施展奇思巧艺的地方，是远方之人前来观摩学习的地方，是蛮夷之地人民效仿的地方。如今大王却丢弃这些，改穿遥远偏僻的部落的服装，这是变更古代的教育，改变古代的原则，违逆人民的心意，背弃了圣贤的教导，脱离了中原的文化。我恳请大王仔细考虑此事。"

【原文】

使者报王。王曰："吾固闻叔之病也。"即之公叔成家自请之曰："夫服者，所以便用也；礼者，所以便事也。是以圣人观其乡而顺宜，因其事而制礼，所以利其民而厚其国也。祝发文身，错臂左衽，瓯越之民也。黑齿雕题①，鳀冠秫缝②，大吴之国也。礼服③不同，其便一也。是以乡异而用变，事异而礼易。是故圣人苟可以利其民，不一其用；果可以便其事，不同其礼。

【注释】

①黑齿雕题：把牙齿染黑，在额头上刺。题，指额头。

②鳀（tí）冠秫（shù）缝：戴鱼皮做的冠，穿粗拙的衣服。鳀，一种体积很大的鱼类。秫缝，很粗糙的缝制手法。

③礼服：礼法和服装。

【译文】

王孙绁就把王叔的话禀报给了赵武灵王。赵武灵王说："我原本就听闻王叔病了。"于是就立刻赶往王叔公子成家，亲自对公子成说："衣服的式样，是为了穿着方便；礼仪，是为了做事方便。所以古代的圣贤都在考察当地习俗之后才制定适宜的举措，按照当地的实际情况来拟定礼仪制度，因为这样既对人民有利，又能使国家获益。剪断头发，身上画着花纹，手臂刻着纹饰，站立时两臂交叉，衣襟向左掩，这是瓯越人的民风习俗。把牙齿染黑，在额头上刺花纹，头上戴着鱼皮帽，身上穿着粗拙缝制的衣服，这是吴国的民风习俗。虽然礼仪和衣服不一样，但是能够得到便利这一点却是相同的。所以说由于地方不同，民风习俗就也会不同，情况不一样，处理事情的礼制也会发生改变。所以圣贤的君主认为倘若能给百姓带来好处，就不必统一习俗；假使能够对行事有所便利，就不必实行同样的礼制。

【原文】

儒者一师而礼异，中国同俗而教离，又况山谷之便乎！故去就①之变，知者不能一；远近之服，贤圣不能同。穷乡多异，曲学多辨。不知而不疑，异于己而不非者，公于求善也。今卿之所言者，俗也；吾之所言者，所以制俗也。今吾国东有河②、薄洛之水，与齐、中山同之，而无舟楫之用。自常山以至代、上党，东有燕、东胡之境，西有楼烦、秦、韩之边，而无骑射之备。故寡人且聚舟楫之用，求水居之民，以守河、薄洛之水；变服骑射，以备燕、东胡、楼烦、秦、韩之边。且昔者简主不塞晋阳以及上党，而襄主兼戎取代，以攘诸胡，此愚知之所明也。先时中山负齐之强兵，侵掠吾地，系累吾民，引水围鄗，非社稷之神灵，即鄗几不守。先王忿之，其怨未能报也。今骑射之服，近可以备上党之形，远可以报中山之怨。而叔也顺中国之俗以逆简、襄之意，恶变服之名，而忘国事之耻，非寡人所望于子！"

【注释】

①去就：指舍弃和接受。
②河：特指黄河。

【译文】

　　儒生虽然出自同一个老师，但是所奉行的礼法却不一样；中原地区虽然风俗一样，但是教化却不相同，更何况是偏僻深山中的人们因地制宜地求方便呢！因此对于民风习俗的取舍，即使是智者也不能强求一致；对于远近地区的服饰打扮，即使是圣贤之人也无法使其统一。穷乡僻壤的地方少见多怪，孤陋寡闻的人们经常巧辩不休。对于不明白的事情不要随便怀疑，不随便对和自己不一样的事物进行非议，这样才能无私地追求真理。如今您所说的，只是世俗的看法；而我所说的，正是要改变这些世俗的看法。如今在我们赵国的东边有黄河与薄洛之水，我们与齐国、中山国共同拥有它们，但是我们却没有战船可以使用。从常山到代郡、上党郡一带，我们的东面与燕国和东胡相邻，西面又和楼烦、秦国、韩国接壤，但是我们却没有在那里配备骑兵和部队。因此我才打算制造战船，招集生活在水上的人，来守护黄河与薄洛之水；改穿胡服，学习骑射之术，用来防守我国与燕、东胡、楼烦、秦国、韩国接壤的边境。昔日先王简主不将自己局限于晋阳和上党，先王襄主又兼并了戎狄，攻取了代郡，以此攘除胡人，这是愚笨的人和智者都能明白的。以前中山国依恃着齐国强大的兵力，侵略我们赵国的国土，掳掠我们的百姓，把水引进来淹灌鄗城，倘若没有社稷神灵的护佑，鄗城几乎就要防守不住了。先王十分愤怒，到现在还未能报仇。如今穿胡服练骑射，从近处说可以守护上党这样地形险要的地方，从长远来说可以把当年中山的仇给报了。但是王叔您却偏要沿袭中原地区的习俗，违逆先王简主和襄主的意愿，仇视改穿胡服的策略，却忘了国家的耻辱，这并不是我对您的期望啊！"

【原文】

公子成再拜稽首曰："臣愚不达于王之议，敢道世俗之闻。今欲继简、襄之意，以顺先王之志，臣敢不听令。"再拜，乃赐胡服。

赵文进谏曰："农夫劳而君子养焉，政之经也；愚者陈意而知者论焉，教之道也；臣无隐忠，君无蔽言，国之禄①也。臣虽愚，愿竭其忠。"王曰："虑无恶扰，忠无过罪，子其言乎。"

【注释】

①禄：福禄，福气。

【译文】

王叔公子成拜了两拜，叩头说道："我很愚笨，不能领会大王的谋略，因此才敢说出世俗之见。如今大王打算继承先王简主和襄主的遗愿，完成先王未竟的事业，我哪里敢不听从您的命令。"公子成又拜了两拜。于是赵武灵王就赐给了公子成一套胡服。

赵文向赵武灵王进谏说："农夫辛苦地劳作，君子进行管理，这是治理政事的常规；愚钝之人陈述看法，智慧之人进行评论，这是进行教育的方法；臣子不向君王隐瞒逆耳的进忠之言，君主不使进谏之路受到阻塞，这是国家社稷之福气。虽然我很愚钝，但是我依然想要竭尽自己的忠诚。"赵武灵王说："考虑问题不要讨厌不同意见的干扰，如果忠心耿耿就不要斥责他的罪过，您还是直说吧。"

【原文】

赵文曰："当①世辅俗，古之道也；衣服有常，礼之制也；修②法无愆，民之职也。三者，先圣之所以教。今君释此，而袭远方之服，变古之教，易古之道，故臣愿王之图之。"

王曰："子言世俗之闻。常民溺于习俗，学者沉于所闻。此两者，所以成官而顺政也，非所以观远而论始也。且夫三代不同服而王，五伯不同教而政。知者作教，而愚者制焉；贤者议俗，不肖者拘焉。夫制于服之民，不足与论心；拘于俗之众，不足与致意③。故势与俗化，而礼与变俱，圣人之道也。承教而动，循法无私，民之职也。知学之人，能与闻迁，达于礼之变，能与时化。故为己者不待人，制今者不法古，子其释之。"

【注释】

①当：随着。
②修：遵循。
③致意：说明意图。

【译文】

赵文说："适应世道、顺从民风民俗，这是古时就已经存在的规则；衣服有固定的样式，这是自古以来礼法的约定；遵守法律，不犯罪，这是人民的职责。这三者是古时先贤对人们的教导。如今君王您抛弃这些，改穿远方胡人的衣服，变更古时的教导，变革古时的道理，我希望大王您能够仔细考虑此事。"

赵武灵王说："您的话只是世俗之见。一般人往往会沉溺于旧俗，读书之人又往往拘泥于有限的见闻。这两类人只会做官、听从命令，无法高瞻远瞩，进行始创。夏、商、周三代所穿着的服装虽然不同，但却都称王于天下；春秋五霸虽然政教不同，但都能把国家治理得很好。智慧之人制订法令，愚钝之人只能遵守；圣贤之士讨论习俗，没有才能的人只能被旧的习俗约束。

那些被旧的习俗礼法所约束的人，不值得与之交心；对那些拘于世俗之见的民众，不值得向他们讲明你的意图。因此习俗要随着时势发生变化，礼法要和变化相一致，这是圣贤之人治国的法则啊！接受教育并能加以变通，遵守法制公正无私，这才是百姓的天职啊。真正的善学之人能随着见闻的不同改变看法，通晓礼法的变化，能够随着时势的变化而改变。所以说真正志在修身的人不仰赖别人的赞许，治理当世的人不去效法古代的成功。您还是放弃那些不正确的意见吧！"

【原文】

赵造①谏曰："隐忠不竭，奸之属也；以私诬国，贼之类也。犯奸者身死，贼国者族宗。此两者，先圣之明刑，臣下之大罪也。臣虽愚，愿尽其忠，无遁其死。"王曰："竭意不讳，忠也。上无蔽②言，明也。忠不辟危，明不距人，子其言乎！"

赵造曰："臣闻之：'圣人不易民而教，知者不变俗而动。'因民而教者，不劳而成功；据俗而动者，虑径而易见也。今王易初不循俗，胡服不顾世，非所以教民而成礼也。且服奇者志淫，俗辟③者乱民。是以莅国者不袭奇辟之服，中国不近蛮夷之行，所以教民而成礼者也。且循法无过，修礼无邪，臣愿王之图之。"

【注释】

①赵造：赵臣。

②蔽：挡住，阻拦。

③俗辟：习俗怪僻。

【译文】

　　赵造规劝道："藏住忠心不说，属于奸邪之类；因私心而误国，属于贼害之类。犯奸的应处死，害国的应灭族。这两种，是先王明确的刑罚，是臣子的大罪啊。我虽然愚钝，愿尽忠心，不敢逃避死罪。"武灵王说："畅所欲言，不加避讳，这是忠臣啊。君主不阻拦臣下发表意见，这是明君啊。忠臣不避危险，明君不拒绝别人提意见，你就说吧！"

　　赵造说："我听说：'圣人不改变百姓的旧习俗而进行教化，聪明的人不改变旧有法度而治理国家。'顺着民心去教诲的，不烦劳而可获得成功；依着习俗而行动的，轻车熟路，非常方便。现在大王改变原有的做法，不按习俗办事，改穿胡服而不顾社会上的议论，这可不是教导百姓遵守礼制啊。况且服装奇异的人，心意就放荡，习俗怪僻的地方，往往民心混乱。所以治理国家的人不穿怪僻的服装，中原地区不仿效蛮夷的不开化行为，因为这是教导人们遵守礼制啊。并且遵循原有办法，没有什么过错，奉行传统制度，不会偏离正道，我希望大王好好考虑吧。"

【原文】

　　王曰："古今不同俗，何古之法？帝王不相袭，何礼之循？宓戏、神农教而不诛①，黄帝、尧、舜诛而不怒②。及至三王③，观时而制法，因事而制礼，法度制令，各顺其宜，衣服器械，各便其用。故治世不必一道，便国不必法古。圣人之兴也，不相袭而王；夏、殷之衰也，不易礼而灭。然则反古未可非，而循礼未足多也。且服奇而志淫，是邹、鲁④无奇行也；俗辟而民易，是吴、越⑤无俊民也。是以圣人利身之谓服，便事之谓教。进退之谓节，衣服之制，所以齐常民，非所以论贤者也。故圣与俗流，贤与变俱。谚曰：'以书为御者，不尽于马之情；

以古制今者，不达于事之变。'故循法之功不足以高世，法古之学不足以制今，子其勿反也。"

扫码看视频

【注释】

①宓（fú）戏、神农教而不诛：宓戏、神农都是传说中的圣王，据说伏羲（宓戏）教民畜牧，神农教民耕种，不用刑罚，这就是所谓"教而不诛"。

②黄帝、尧、舜诛而不怒：黄帝、尧、舜都是传说中的古帝，据说他们虽然用兵诛乱，但仍以教化为主，所以说是"诛而不怒"。

③三王：指夏、商、周三代的开国圣王。

④邹、鲁：古国名，均在今山东境内，是礼教最早发达的地方。

⑤吴、越：古国名，在今江苏、浙江境内，据说它们的百姓"祝发文身"，和中原的习俗不同。

【译文】

赵武灵王说："古今的习俗本不相同，为什么要效法古代？历代帝王互不相袭，为什么要遵循古代的礼制？伏羲、神农时代，只教化而不用刑罚，黄帝、尧、舜时代，虽用刑罚而不暴虐。夏、商、周三代的圣王，观察当时的形势来制定法令，根据当时的情况来制定礼俗，法令制度都顺应潮流，衣服器械都使用方便。所以说，治理国家不一定只用一种方法，只要对国家有利就不必效法古代。圣人的兴起，不承袭前代而兴旺；夏、商的衰败，因不变更制度而灭亡。可见反对古来旧俗的，不应受到非议；而遵循旧制的，也就不值得赞许了。如果说服装特殊就会思想放荡，那么服饰正统的邹、鲁两国，就应该没有不正的行为了；如果说风俗怪僻的地方，百姓就会变坏，那么风俗特殊的吴、越地区，就该没有杰出的人才了。所以圣人认为，凡是适合穿着的，就是好服装；凡是便于办事的，就是好规章。关于送往迎来的礼节、衣服的样式，是使百姓们整齐划一，而不是用来评论贤能之人的。所以圣人能随着风俗而变化，贤人能随社会变化而前进。谚语说："照书上记载来驾车的人，不能通晓马的习性；用老办法来对付现代的人，不能通达社会变化。"所以遵循旧制的做法不会建立盖世的功勋，尊崇古代的理论不能治理当代，希望你不要再说反对胡服的话了。"

点师名评

　　惰性、因循守旧是大多数安于现状或对未来的不确定有着恐慌的人的心理状态。能克服这种消极心理因素，勇于为天下先，并能把握住机遇，破除危机的人，才能够为社会、人类发展做出巨大贡献。赵武灵王力排众议、冲破阻挠，坚决推行"胡服骑射"改革，体现了其魄力与胆识。此外，赵武灵王善于摆事实、讲道理，给人印象深刻。他针对改革阻碍者所言的尊古法、古礼，提出"古今不同俗，何古之法？帝王不相袭，何礼之循"，强调法、礼必须随着时代进步而改变，思维敏捷、口才出众。

赵惠文王三十年

名师导读

相国田单善于领兵作战，他对于赵奢用兵动辄数十万颇有微词，认为这会耽误国家基础建设。赵奢却从当时战争的特点分析：攻城和野战均需大量人力，如果兵力不足就像用薄薄的剑刃去攻击巨大的石柱，只会导致剑毁。赵奢说理充分，比喻贴切，使田单折服。

【原文】

赵惠文王①三十年，相都平君田单问赵奢②曰："吾非不说③将军之兵法也，所以不服者，独将军之用众。用众者，使民不得耕作，粮食挽赁④不可给也。此坐而自破之道也，非单之所为也。单闻之，帝王之兵所用者不过三万，而天下服矣。今将军必负十万、二十万之众乃用之，此单之所不服也。"

【注释】

①赵惠文王：武灵王之子。

②赵奢：赵国的将军。因封于马服这个地方，故又称马服君。

③说：同"悦"，喜欢。

④挽赁：运输。

【译文】

　　赵惠文王执政三十年的时候，相国都平君田单对赵奢说："我并非不喜赵将军的用兵之策，我不佩服的只是将军您用兵数量过多。用兵太多，人民就无法进行耕作，粮食就无法供给，这是自取灭亡的方法啊，我不会这样做的。我听说，帝王所用的兵力不多于三万，就使天下归顺了。如今赵将军您每次作战必定要使用十万甚至是二十万的兵力，这是田单我无法佩服的。"

【原文】

　　马服曰："君非徒不达于兵也，又不明其时势。夫吴干之剑①，肉试则断牛马，金试则截盘匜②，薄③之柱上而击之则折为三，质④之石上而击之则碎为百。今以三万之众而应强国之兵，是薄柱、击石之类也。且夫吴干之剑材难，夫毋脊之厚而锋不入，无脾⑤之薄而刃不断。兼有是两者，无钩、罕、镡、蒙须⑥之便，操其刃而刺，则未入而手断。君无十余、二十万之众而为此钩、罕、镡、蒙须之便，而徒以三万行于天下，君焉能乎？且古者，四海之内，分为万国，城虽大，无过三百丈者；人虽众，无过三千家者，而以集兵三万，距此奚⑦难哉！今取古之为万国者，分以为战国七，能具数十万之兵，旷日持久，数岁，即君之齐已。齐以二十万之众攻荆，五年乃罢；赵以二十万之众攻中山，五年乃归。

　　今者齐、韩相方，而两国围攻焉，岂有敢曰，我其以三万救是者乎哉？今千丈之城、万家之邑相望也，而索以三万之众，围千丈之城，不存其一角，而野战不足用也，君将以此何之？"都平君喟然⑧太息曰："单不至也！"

【注释】

①吴干之剑：指利剑。

②匜（yí）：古代的一种容器，用来装水。

③薄：靠近，接近。

④质：谓垫置于锧上。

⑤脾：剑面上靠近剑刃的地方称为脾。

⑥钩、剕、镡、蒙须：分别指剑环、剑柄、剑珥、剑绳。

⑦奚：什么。

⑧喟（kuì）然：感叹、叹息的样子。

【译文】

赵奢说道："您不仅仅是不懂得用兵之法，而且还不清楚现在的形势啊。那吴国干将的利剑，砍在肉体上能够把牛、马都给砍断，砍在金属上能够把盘子、盆子砍断。可如果用它去砍柱子，宝剑就会断成几截；如果用它去砍石头，宝剑就会碰得粉碎。如今倘若用三万士卒去应对强国的军队，就如同用宝剑去敲击柱子、石头一样。况且吴国的宝剑难求，倘若剑背不厚，剑锋就不能刺入物体；倘若剑面不薄，剑刃就不能斩断物体。如果同时满足了这两方面，可是缺少剑环、剑柄、剑珥、剑绳这些辅助的东西，操起剑刃去刺杀敌人的话，那么还没有刺到别人，自己的手就已经断了。倘若您没有十万、二十万的兵力，来像剑环、剑珥等物那样做辅助之用，想要仅仅以三万兵士横行天下，您又怎么能做到呢？并且古代天下分成成千上万个国家，即使是大的城邑，城墙也不会多于三百丈；即便是人口众多，也不会多于三千户。用召集起来的三万兵士进攻这样的城邑，这又有什么难的呢？古代成千上万的国家已经相互合并为现在的七个国家，都能聚集起数十万的兵士，战争会持续数年，就像您曾任职的齐国那样。齐国以二十万的兵力讨伐楚国，五年的时间才使战争结束；赵国以二十万的兵力讨伐中山国，五年的时间才得以胜利归国。

如今齐国与韩国实力相当，倘若用全力讨伐彼此，哪里有人敢说我用三万人的兵力就可以救助这两个国家呢？如今千丈长城墙的大城、上万户人家的大邑比比皆是，想要以三万兵力围攻有千丈城墙的大城，连城墙的一个角都不能围困，野战兵力就更加不足了，您想要用这点兵做些什么呢？"都平君长叹道："这是我考虑不周啊！"

名师点评

在冷兵器时代，兵力多寡常常决定战争的胜负。赵奢用类比来加强说理的可信度，简单直观却生动活泼，令田单心服口服。当然，在热兵器的现代化战争中，兵力多寡很难决定战争的胜负了，道义、谋略、士兵素质、武器先进程度等因素都会影响战争胜负。

秦围赵之邯郸

名师导读

　　秦军围困赵国都邯郸，魏将晋鄙拥兵不救。魏王遣辛垣衍偷入围城劝赵王尊秦王为帝。名士鲁仲连与辛垣衍辩难中指出诸侯国不应该向残暴专制、极具扩张欲望的强秦低头，强调了自己义不帝秦的立场。之后又列举了历史上反抗尊帝的故事，指出秦称帝后的危害与后果。辛垣衍听后决定放弃尊秦为帝的计划。恰巧魏公子无忌夺取魏将晋鄙的兵权，进攻秦军，迫使秦军退兵。

【原文】

　　秦围赵之邯郸。魏安釐王[1]使将军晋鄙救赵，畏秦，止于荡阴[2]，不进。魏王使客将军辛垣衍间入邯郸，因[3]平原君谓赵王曰："秦所以急围赵者，前与齐湣王争强为帝，已而复归帝，以齐故。今齐已益弱，方今[4]唯秦雄[5]天下，此非必贪邯郸，其意欲求为帝。赵诚发使尊秦昭王为帝，秦必喜，罢兵去。"平原君犹豫未有所决。

【注释】

　　①魏安釐（xī）王：名圉，昭王的儿子。釐，同"僖"。
　　②荡阴：位于现在的河南汤阴西南。
　　③因：通过。

④方今：当今，现在。

⑤雄：称雄。

【译文】

秦国围攻赵国都城邯郸，魏安釐王派遣将军晋鄙率军救赵。然而晋鄙非常惧怕秦兵，于是驻扎在荡阴，不敢前进。魏王派遣客将军辛垣衍偷偷地进入邯郸城，并通过平原君赵胜对赵孝成王说："秦兵之所以急着出兵围攻邯郸，是因为以前秦王与齐王争相逞威称帝，然而不久后又把帝号取消了，正因为齐国不称帝。如今齐国已经越来越衰败了，只有秦国称霸天下，可见秦国并不一定是贪图邯郸，其真正目的是想要称帝。所以只要赵国能派遣专使，拥立秦昭王为帝，那秦王肯定会很高兴，这样一来秦兵就会撤退。"可是平原君依旧犹豫不决。

【原文】

此时鲁仲连适游赵，会^①秦围赵。闻魏将欲令赵尊秦为帝，乃见平原君曰："事将奈何矣？"平原君曰："胜^②也何敢言事？百万之众折于外，今又内围邯郸而不能去。魏王使将军辛垣衍令赵帝秦。今其人在是，胜也何敢言事？"

【注释】

①会：恰巧碰到。

②胜：平原君的自称。

【译文】

这时鲁仲连恰巧在赵国游历，又恰巧碰上了秦兵围攻赵都邯郸。他听说魏国准备让赵王拥护秦王称帝，于是去拜见平原君，问道："战事怎么样了？"平原君说："我还能怎么说呢？赵国的百万大军在外面打了败仗，如今国都邯郸又遭到秦兵的包围而不能将敌军击退。魏王派遣将军辛垣衍劝赵王拥护秦王称帝。而此时此刻辛将军就在邯郸，我怎么还敢谈论战事呢？"

【原文】

鲁连曰："始吾以君为天下之贤公子也，吾乃今然后知君非天下之贤公子也。梁客辛垣衍安在？吾请为君责而归之。"平原君曰："胜请召而见之于先生。"平原君遂见辛垣衍曰："东国①有鲁连先生，其人在此，胜请为绍介而见之于将军。"辛垣衍曰："吾闻鲁连先生，齐国之高士②也。衍，人臣也。使事有职，吾不愿见鲁连先生也。"平原君曰："胜已泄之矣。"辛垣衍许诺。

【注释】

①东国：指齐国。
②高士：品德行为高尚的人，旧时多称隐士。

【译文】

鲁仲连说："我当初以为阁下是天下的贤公子，到现在我才知道阁下并不是这样的人。魏将军辛垣衍在哪里？我可以替您责备他并让他回去。"平原君说："那么我就把辛将军请来和先生见面。"于是平原君就去见辛垣衍说："东方的齐国有一位鲁仲连先生，他现在就在这里，我想给将军介绍他。"辛垣衍说："我早就知道鲁仲连先生是齐国的高士，而我辛垣衍只不过是一个使臣。奉命出使，职事在身，我不愿见鲁仲连先生。"平原君说："可是我已经答应他介绍将军和他见面。"这样辛垣衍才答应和鲁仲连见面。

【原文】

鲁连见辛垣衍而无言。辛垣衍曰："吾视居此围城之中者，皆有求于平原君者也。今吾视先生之玉貌①，非有求于平原君者，曷为②久居此围城之中而不去也？"

【注释】

①玉貌：古代称人容貌的敬辞。

②曷为：何为，为什么。

【译文】

鲁仲连见到辛垣衍后一言不发。辛垣衍说："据我观察，凡是住在被围困的邯郸城中的人，都有求于平原君。但是我现在看先生的相貌，好像并非有求于平原君，不知道先生为什么在城内久住不走？"

【原文】

鲁连曰："世以鲍焦①无从容而死者，皆非也。今众人不知，则为一身②。彼秦者，弃礼义而上首功之国也。权使其士，虏使其民。彼则肆然而为帝，过而遂正于天下，则连有赴东海而死矣，吾不忍为之民也！所为见将军者，欲以助赵也。"辛垣衍曰："先生助之奈何？"鲁连曰："吾将使梁及燕助之，齐、楚则固助之矣。"

【注释】

①鲍焦：春秋时隐士，不满时政，廉洁自守，以采樵及拾橡实为生，后抱木而死。

②为一身：为自已打算。

【译文】

鲁仲连说："世人都认为鲍焦是由于心胸狭隘而绝食自杀，这是错误的。由于人们不了解他的内心，才会误认为他是为私事而死的。那秦国是一个背弃礼义、崇尚战功的国家。它用权术操纵士大夫，把百姓当俘虏一般使用。秦王假如肆无忌惮地称帝，甚至进一步对天下发号施令，那么我鲁仲连只有投东海而死了，我决不肯做秦王的顺民！我来会见将军，目的是想借此机会帮助赵国。"辛垣衍说："请问先生要怎样帮助赵国呢？"鲁仲连说："我准备请魏、燕两国帮助赵国，因为齐、楚两国本来已经帮助赵国了。"

【原文】

辛垣衍曰："燕则吾请以从矣。若乃①梁，则吾乃梁人也，先生恶能②使梁助之耶？"鲁连曰："梁未睹秦称帝之害故也，使梁睹秦称帝之害，则必助赵矣。"

【注释】

①若乃：至于。

②恶（wū）能：何，怎么。

【译文】

辛垣衍说："我相信燕国会听从您的意见。至于魏国，我是魏国人，不知道先生要如何使魏国帮助赵国？"鲁仲连说："魏国还没有看见秦国称帝的害处，假如魏能清楚秦国称帝之害，就必然发兵救赵。"

【原文】

辛垣衍曰："秦称帝之害将奈何？"鲁仲连曰："昔齐威王尝为仁义矣，率天下诸侯而朝周。周贫且微，诸侯莫朝，而齐独朝之。居岁余，周烈王崩[1]，诸侯皆吊，齐后往。周怒，赴于齐曰：'天崩地坼，天子下席。东藩之臣田婴齐后至，则斮[2]之。'威王勃然怒曰：'叱嗟！而母婢也。'卒为天下笑。故生[3]则朝周，死则叱之，诚不忍其求也。彼天子固然，其无足怪。"

【注释】

①周烈王崩：周烈王驾崩。周烈王，名喜，安王之子，公元前375—公元前356年在位。崩，君王时代帝王死。

②斮：斩，割。

③生：指周烈王活着的时候。

【译文】

辛垣衍说："秦王称帝的害处在哪里呢？"鲁仲连说："以前齐威王曾行仁义之政，他率领天下诸侯去朝拜周天子。当时的周朝既穷又弱，天下诸侯都不肯朝贡，只有齐国肯称臣朝拜。过了一年多，周烈王驾崩，诸侯都去吊丧，可是齐国却最后才到。周显王大怒，在发给齐国的讣告里说：'天子驾崩，新即位的天子服丧都要离开宫室。而齐国的田婴竟然最后才到，依法当处斩刑。'齐威王听了这话勃然大怒说：'呸！你母亲只不过是一个贱婢。'后来被天下诸侯所嘲笑。周天子在时去朝拜他，死后又如此来咒骂他，实在是由于无法接受周朝的苛求。做天子的本来就是这样，这也没有什么值得奇怪的。"

【原文】

　　辛垣衍曰："先生独未见夫仆乎？十人而从一人者，宁力不胜、智不若耶？畏之也。"鲁仲连曰："然梁之比于秦若仆耶？"辛垣衍曰："然。"鲁仲连曰："然吾将使秦王烹醢①梁王。"辛垣衍怏然②不悦曰："嘻，亦太甚矣，先生之言也！先生又恶能使秦王烹醢梁王？"

【注释】

　　①醢（hǎi）：古代的一种酷刑，把人剁成肉酱。
　　②怏（yàng）然：不高兴的样子。

【译文】

　　辛垣衍说："先生难道没有见过那些仆人吗？十个人服侍一个人，难道是因为力量和智慧不如主人吗？是因为他们害怕主人。"鲁仲连说："那么魏国和秦国的关系，就如同仆人和主人的关系吗？"辛垣衍说："是的。"鲁仲连说："既然这样，我将让秦王烹杀魏王，把魏王剁成肉酱。"辛垣衍很不高兴地说："唉，先生的话也未免太过分了！先生怎能叫秦王烹剁魏王呢？"

【原文】

　　鲁仲连曰："固①也，待吾言之。昔者，鬼侯、鄂侯、文王，纣之三公也。鬼侯有子而好，故入之于纣，纣以为恶，醢鬼侯。鄂侯争之急，辨之疾②，故脯鄂侯③。文王闻之，喟然而叹，故拘之于牖里之库百日，而欲舍之死。曷为与人俱称帝王，卒就脯醢之地也？

【注释】

①固：当然。

②辨之疾：极力辩护。

③脯（fǔ）鄂侯：把鄂侯做成肉干。脯，古代一种酷刑，把人杀死后，做成肉干。

【译文】

鲁仲连说："当然能啦，请将军听我解释。古时鬼侯、鄂侯、文王，是殷纣王的三个诸侯。鬼侯有个女儿长得很漂亮，于是就把她献给纣王纳入后宫，可是纣王认为她长得难看，结果就把鬼侯剁成肉酱。鄂侯为这件事向纣王进言直谏，因为语言激烈了一些，结果纣王又把鄂侯杀死晒成肉干。文王听到这两件惨事以后，不由得长叹一声，结果竟被纣王囚禁在牖里的监牢里，关了一百多天，还想把他杀死。为什么这些人与别人同样称王称帝，却甘心处在被人宰割的地位呢？

【原文】

"齐闵王将之鲁，夷维子执策而从，谓鲁人曰：'子将何以待吾君？'鲁人曰：'吾将以十太牢待子之君。'夷维子曰：'子安取礼而来待吾君？彼吾君者，天子也。天子巡狩，诸侯辟舍，纳筦键，摄衽抱几，视膳于堂下。天子已食，乃退而听朝也。'鲁人投其籥，不果纳，不得入于鲁。将之薛，假涂于邹。当是时，邹君死，闵王欲入吊。夷维子谓邹之孤曰：'天子吊，主人必将倍殡柩，设北面于南方，然后天子南面吊也。'邹之群臣曰：'必若此，吾将伏剑而死。'故不敢入于邹。邹、鲁之臣，生则不得事养，死则不得饭含。然且欲行天子之礼于邹、鲁之臣，不果纳。

【译文】

"齐闵王要去鲁国时，夷维子拿着马鞭子驾车随从，他对鲁国人说：'你们要如何接待我们的国君呢？'鲁国人说：'我们准备用猪、牛、羊各十头的太牢之礼款待你们国君。'夷维子说：'你们是从哪里学来这种礼节来接待我们国君的呢？我们国君乃是天子。天子到全国各地巡视时，诸侯都要离开宫室，交出钥匙，撩起衣襟恭立在案几旁，侍候天子进餐。天子吃完，诸侯才能退下去处理本国的朝政。'鲁国人听了这话以后，就把城门锁上，不让齐闵王入境。齐闵王只好前往薛国，想从邹国借路通过。正好碰上邹君死了，齐闵王要去吊丧。夷维子对邹君的遗孤说：'天子来吊丧，丧主必须把灵柩从北面移向南面，然后请天子面朝南吊唁。'邹国的群臣说：'假如齐国一定叫我们这样做，那我们宁可拔剑自杀。'因此齐闵王君臣也不敢进入邹国。邹、鲁两国的臣子，当君主在世时没能更好地奉养，君主死了以后，也没有举行把米和玉放入死者口中的殡礼。但是要叫他们行朝拜天子之礼，他们都不肯接受。

【原文】

"今秦万乘之国，梁亦万乘之国，俱据万乘之国，交①有称王之名，睹其一战而胜，欲从而帝之②，是使三晋③之大臣不如邹、鲁之仆妾也。且秦无已而帝④，则且变易诸侯之大臣。彼将夺其所谓不肖⑤，而子⑥其所谓贤；夺其所憎，而与其所爱。彼又将使其子女谗妾为诸侯妃姬，处梁之宫，梁王安得晏然而已乎？而将军又何以得故宠乎？"

【注释】

① 交：彼此，都。

② 帝之：尊秦为帝。

③三晋：赵、魏、韩三国。

④且秦无已而帝：秦不达到称帝的目的是不会停止的。

⑤不肖：不称职的。

⑥予：犹言任命。

【译文】

"如今秦国是拥有万辆兵车的大国，而魏国也是一个万乘之邦。都是万乘之邦，而且都有称王的名分，但是看见秦国一战而胜，就想尊秦王为帝，这样看来，三晋重臣连邹、鲁的小臣都不如。再说秦王的野心无止境地膨胀，一旦称帝，就会调换诸侯的大臣。他将废除他所认为的奸臣，把官爵给他心目中的贤臣；剥夺他所憎恨的人的官职，然后任命他所喜欢的人为新官。还会把他的女儿和那些好谗害人的姬妾嫁给诸侯们为妃，住在魏王宫里，魏王又怎能安宁无事？而将军又怎能得到原有的宠幸呢？"

【原文】

于是，辛垣衍起，再拜，谢曰："始以先生为庸人，吾乃今日而知先生为天下之士也。吾请去，不敢复言帝秦。"

秦将闻之，为却军五十里。适会魏公子无忌①夺晋鄙军以救赵击秦，秦军引而去。于是平原君欲封鲁仲连。鲁仲连辞让者三，终不肯受。平原君乃置酒，酒酣，起前以千金为鲁连寿。鲁连笑曰："所贵于天下之士者，为人排患、释难、解纷乱而无所取也。即有所取者，是商贾②之人也，仲连不忍为也。"遂辞平原君而去，终身不复见。

【注释】

①魏公子无忌：信陵君。
②商贾：商人。

扫码看视频

【译文】

辛垣衍听完鲁仲连这番话后，立刻站起来，拜了两拜，谢罪说："我起初以为鲁先生是一个平凡的人，现在我才知道先生是天下的通达之士。因此我现在就告辞，再也不敢谈论尊秦王为帝之事了。"

秦国将领听到这个消息后，立刻下令秦军后退五十里。这时正好碰上信陵君杀死晋鄙夺下兵权救赵攻秦，秦将只好率兵回国。事后平原君想封赏鲁仲连。可是鲁仲连却再三推辞，坚决不肯接受。平原君就摆设酒宴，酒正喝得尽兴，平原君站起奉上千金为鲁仲连祝酒。鲁仲连笑着说："我之所以受到天下贤士的敬重，就在于为人排难解忧而不收取报酬。假如收取报酬，那就成为商人一样的人了，我鲁仲连不会做这种事。"鲁仲连说完这话，就辞别平原君而去，从此终生不再来见平原君。

名师点评

本文主要围绕是否应当"尊秦为帝"之事展开辩论。整个过程中，一方面显示了鲁仲连大义凛然、立场坚定、功成不居的义士品格；另一方面，展现了他义正辞严、能言善辩的辩士风范。鲁仲连既指出臣服残暴专制而屈辱不堪的惨状，又列举不畏强势而赢得尊严的事实，从正反两方面加以论证，援古论今，说理透彻，推理严密，而且激情洋溢，感染力强。

延伸/阅读

鲁仲连

鲁仲连是战国时齐国稷下学派后期的代表人物，战国末期说客、平民思想家、辩论家、社会活动家。鲁仲连幼时在稷下学宫曾师从徐劫，专攻"势数"之学。他思维敏捷，口若悬河，很小就以辩才闻名遐迩，为时人所青睐。稷下学宫中的"天口骈"田骈、"谈天衍"邹衍等人大多务虚谈玄，将个人的思维能力和语言表达能力发挥到极致，而鲁仲连则注意理论联系实际，为现实而辩，为国事而辩。他不把爱国挂在嘴上，而是言必信，行必果，将自己的辩才直接应用到帮助田单收复失地、光复齐国的斗争实践中。

思考问答

☆ 郄疵与智伯的不同是什么？
☆ 鲁仲连是一个什么样的人？

魏武侯与诸大夫浮于西河

　　魏武侯乘船游历西河，盛赞魏国山河险峻，王错接着说，这是霸业的基础。吴起严厉批评了这个错误观点，还引用历史上三苗、夏桀、商纣皆恃险而为政不善导致亡国的事实，指出只有为政的好坏才能决定国家的兴亡。吴起的话打动了武侯，吴起也因此得到重用。

【原文】

　　魏武侯与诸大夫浮于西河，称曰："河山之险，岂不亦信固①哉！"王错侍坐，曰："此晋国之所以强也。若善修之，则霸王之业具②矣。"吴起③对曰："吾君之言，危国之道也；而子又附之，是重危也。"武侯忿然曰："子之言有说乎？"

　　吴起对曰："河山之险，不足保也；伯王之业，不从此也。昔者三苗之居，左彭蠡之波，右有洞庭之水，文山在其北，而衡山在其南。恃此险也，为政不善，而禹放逐之。夫夏桀之国，左天门④之阴，而右天谿⑤之阳，庐、㠇在其北，伊、洛出其南。有此险也，然为政不善，而汤伐之。殷纣之国，左孟门而右漳、釜，前带河，后被山。有此险也，然为政不善，而武王伐之。且君亲从臣而胜降城，城非不高也，人民非不众也，然而可得并者，政恶故也。从是观之，地形险阻，奚足以霸王矣！"

武侯曰："善。吾乃今日闻圣人之言也！西河之政，专委之子矣。"

【注释】

①固：坚固。

②具：具备。

③吴起：卫国人，战国时著名军事家和政治家，时仕魏。

④天门：山名。

⑤天谿：指黄河和济水。

【译文】

魏武侯和大臣们乘船在西河上游玩，魏武侯赞叹道："河山如此险峻，边防难道不也很坚固吗？"大臣王错在旁边陪坐，说："这就是魏国强大的原因。如果再修明政治，那么我们魏国称霸天下的条件就具备了。"吴起回答说："我们君主的话，是危国言论；可是你又来附和，这就更加危险了。"武侯很气愤地说："你这话是什么道理？"

吴起回答说："河山的险要不足以确保国家的安全，霸业从不在河山险要处产生。过去三苗居住的地方，左有彭蠡湖，右有洞庭湖，文山居北面，衡山处南面。虽然有这些天险倚仗，可是政事治理不好，结果大禹赶走了他们。夏桀的国家，左面是天门山的险关，右边是黄河、济水，庐山和�山在北部，伊水、洛水流经它的南面。有这样的天险，但是没有治理好国政，结果被商汤攻破了。殷纣的国家，左边有孟门山，右边有漳水和滏水，前面对着黄河，后面靠着山。虽有这样的天险，然而国家治理不好，遭到周武王的讨伐。再说您曾经和我一道迫使敌方的城邑投降，他们的城墙不是不高，人不是不多，然而能够攻破，就是因为他们政治腐败啊。由此看来，靠着地形险峻，怎么能说足以成就霸业呢？"

武侯说："好啊。我今天终于听到明哲的政论了！西河的政务，就全托付给您了。"

名师点评

　　吴起语出惊人，开口就指责君王的话是"危国之道"，以此引起对方的注意，这是展开辩论的极好开场白。他以历史的教训以及现身说法来证明自己的观点：国家兴亡不在于山川险要与否，而在于国家治理好坏。真是具有高见又善于雄辩。

梁王魏婴觞诸侯于范台

名师导读

魏惠王宴请诸侯，当他敬酒敬到鲁共公时，鲁共公"避席择言"，行祝酒词。他引用历史上的典故，谏言魏王要警惕美酒、美食、美色、美景，它们都可能是导致亡国的原因。鲁共公作为一位君主，能说出这样的话，在当时实属难能可贵。

【原文】

梁王魏婴觞诸侯于范台。酒酣，请鲁君举觞。鲁君兴，避席择言曰："昔者，帝女仪狄作酒而美，进之禹，禹饮而甘①之，遂疏仪狄，绝旨酒，曰：'后世必有以酒亡其国者！'齐桓公夜半不嗛，易牙乃煎敖燔炙②，和调五味而进之，桓公食之而饱，至旦不觉，曰：'后世必有以味亡其国者！'晋文公得南之威，三日不听朝，遂推南之威而远之，曰：'后世必有以色亡其国者！'楚王登强台而望崩山，左江而右湖，以临彷徨，其乐忘死，遂盟强台而弗登，曰：'后世必有以高台陂池亡其国者！'今主君之尊，仪狄之酒也；主君之味，易牙之调也；左白台而右闾须③，南威之美也；前夹林而后兰台，强台之乐也。有一于此，足以亡其国。今主君兼此四者，可无戒与！"梁王称善相属。

【注释】

①甘：认为……甘美。

②燔（fán）炙（zhì）：烧烤。

③白台、闾须：皆美女名。

【译文】

魏惠王魏婴在范台宴请各国诸侯。酒兴正浓的时候，魏惠王向鲁共公敬酒。鲁共公站起身，离开自己的坐席，正色道："从前，舜的女儿仪狄擅长酿酒，酒味醇美，仪狄把酒献给了禹，禹喝了之后也觉得味道醇美，但因此疏远了仪狄，戒绝了美酒，并且说道：'后代一定有因为美酒而使国家灭亡的君主。'齐桓公有一天夜里觉得肚子饿，想吃东西，易牙就用煎熬烧烤的方法和各种调料做出美味可口的菜肴给他送上，齐桓公吃得很饱，一觉睡到天亮还不醒，醒了以后说：'后代一定有因美食而使国家灭亡的君主。'晋文公得到了美女南威，三天没有上朝理政，于是就把南威打发走了，说道：'后代一定有因为贪恋美色而使国家灭亡的君主。'楚王登上强台远望崩山，左边是江，右边是湖，登临徘徊，唯觉山水之乐而忘记死的危险，于是发誓不再登台，他说：'后代一定有因为观赏美景而亡国的君主。'现在您酒杯里盛的，好似仪狄酿的美酒；桌上放的，好似易牙烹调出来的美味佳肴；您左边的白台、右边的闾须，都是像南威一样的美女；您前边有夹林，后边有兰台，都是强台那样的处所。这四者中占有一种，就足以使国家灭亡，可是现在您兼而有之，能不警戒吗？"魏惠王听后连连称赞谏言非常好。

名师点评

劝谏常是"忠言"但"逆耳"，不易为人接受。如果善于利用有利的条件，在合适的时间、地点进行，效果就会好得多。鲁共公便是以史为鉴，用前代贤明君主不会沉溺于物质享受的四则事例来说理，所以收获了成功。

魏王欲攻邯郸

名师导读

　　魏王想要攻打邯郸，大臣季梁听说后立刻赶来劝谏魏王。他以自己的经历，给魏王讲了一个"南辕北辙"的寓言故事，形象地告诉魏王，攻打邯郸的行为就像去南方的楚国却往北走一样，只会离目标越来越远。

【原文】

　　魏王①欲攻邯郸，季梁②闻之，中道而反，衣焦不申③，头尘不浴，往见王曰："今者臣来，见人于大行，方北面而持其驾，告臣曰：'我欲之楚。'臣曰：'君之楚，将奚为北面？'曰：'吾马良。'臣曰：'马虽良，此非楚之路也。'曰：'吾用多。'臣曰：'用虽多，此非楚之路也。'曰：'吾御者善。'此数者愈善，而离楚愈远耳。今王动欲成霸王，举欲信于天下，恃王国之大，兵之精锐，而攻邯郸，以广地尊名，王之动愈数④，而离王愈远耳，犹至楚而北行也。"

【注释】

　　①魏王：魏惠王。

扫码看视频

②季梁：魏臣。

③申：伸展。

④数（shuò）：多，屡次。

【译文】

魏王打算攻打邯郸，季梁听说这件事后，中途折回，衣服皱折不舒展，头上的尘土也没有洗，匆忙去见魏王道："今天我来的时候，在大路上见到一个人，正朝着北方驾着他的车，他告诉我说：'我想到楚国去。'我说：'您到楚国，为什么朝着北方走？'那个人回答说：'我的马是好马。'我说：'马虽然好，可这不是到楚国的路啊。'那个人回答说：'我的用费充足。'我说：'用费虽然充足，可这不是到楚国的路啊。'他又说：'我的车夫技术高明。'这几个条件愈好，距楚国就愈远了。如今大王的一举一动总想称霸称王，总想取信于天下，然而倚仗国家的强大、武器的精良，想去攻打邯郸，从而扩张土地、提高名声，大王这样的行动愈频繁，离称王的事业就愈远，就好像想到楚国却向着北走一样啊。"

点名师评

"南辕北辙"的寓言故事，形象地指出魏王穷兵黩武、扩张地盘的行为，与他争取人心、获誉诸侯的愿望是背道而驰的。季梁将自己代入故事中的现身说法，生动、真实，更具说服力，这也是说服他人的一种好方法。

秦王使人谓安陵君

名师导读

秦王打算用置换土地的方法吞并安陵，安陵君就派唐雎向秦王解释。秦王根本看不起唐雎，威胁恐吓他："天子之怒，伏尸百万，流血千里。"唐雎非常硬气地怼回去："……若士必怒，伏尸二人，流血五步，天下缟素……"唐雎正气凛然、威武不屈的人格魅力，赢得了秦王的尊重，置换安陵的事再也没提。

【原文】

秦王①使人谓安陵君②曰："寡人欲以五百里之地易安陵，安陵君其许寡人？"安陵君曰："大王加惠，以大易小，甚善。虽然，受地于先王，愿终守之，弗敢易。"秦王不说。安陵君因使唐雎使于秦。

【注释】

①秦王：嬴政，公元前247年即秦王位，公元前221年统一六国后改称始皇帝。

②安陵君：魏国分封的小国君主。安陵，在今河南鄢陵西北。

【译文】

秦王派人对安陵君说："我打算用五百里的地方交换安陵，安陵君能答应我吗？"安陵君说："承蒙大王对敝国施恩，用大换小，很好。可是，安陵是从先王那里继承下来的，我愿一直守住它，不敢拿来交换。"秦王为此很不高兴。安陵君因而派唐雎出使秦国。

【原文】

秦王谓唐雎曰："寡人以五百里之地易安陵，安陵君不听寡人，何也？且秦灭韩亡魏，而君以五十里之地存者，以君为长者，故不错①意也。今吾以十倍之地，请广于君，而君逆寡人者，轻寡人与？"唐雎对曰："否，非若是也。安陵君受地于先王而守之，虽千里不敢易也，岂直五百里哉！"

【注释】

①错：通"措"。

【译文】

秦王对唐雎说："我用五百里的地方交换安陵，但安陵君却不肯听从我，这是为什么？况且秦国已经灭掉韩、魏，而安陵君仅凭五十里的地方得以保存下来，是因为我念他是个年高有德的人，所以才没有在意。现在我拿出十倍的土地来为他扩大地盘，而他竟然违抗我，是瞧不起我吗？"唐雎回答说："不，不是这样。安陵君从先王那里继承了土地，就要保住它，即使用一千里土地也不敢交换，何况是五百里呢！"

【原文】

　　秦王怫然怒，谓唐雎曰："公亦尝闻天子之怒乎？"唐雎对曰："臣未尝闻也。"秦王曰："天子之怒，伏尸百万，流血千里。"唐雎曰："大王尝闻布衣之怒乎？"秦王曰："布衣之怒，亦免冠徒跣①，以头抢地尔。"唐雎曰："此庸夫之怒也，非士之怒也。夫专诸之刺王僚②也，彗星袭月③；聂政之刺韩傀④也，白虹贯日；要离之刺庆忌⑤也，仓⑥鹰击于殿上。此三子者，皆布衣之士也，怀怒未发，休祲⑦降于天，与臣而将四矣。若士必怒，伏尸二人，流血五步，天下缟素，今日是也。"挺剑而起。

　　秦王色挠，长跪而谢之曰："先生坐，何至于此！寡人谕矣。夫韩、魏灭亡，而安陵以五十里之地存者，徒以有先生也。"

【注释】

　　①徒跣（xiǎn）：赤脚。

　　②专诸之刺王僚：春秋时，吴公子光（后来的吴王阖闾），为了争夺王位，就派专诸刺杀吴王僚。专诸，人名，吴国勇士。

　　③彗星袭月：此和下文的"白虹贯日""苍鹰击于殿上"都是古人的迷信说法，认为人间有重大变故发生，自然现象就会有相应的显示。

　　④聂政之刺韩傀：韩国严遂和韩国韩傀不和，就派聂政刺杀韩傀。聂政，人名，韩国轵（今河南济源）人。

　　⑤要离之刺庆忌：庆忌是吴王僚的儿子，吴王僚被杀，他逃往卫国。吴王阖闾派要离到卫国刺杀了他。要离，人名，吴国勇士。

　　⑥仓：通"苍"。

　　⑦休祲（jìn）：侧重在祲，指凶兆。

【译文】

秦王勃然大怒，对唐雎说："您也曾听说过天子发怒吗？"唐雎回答说："我没有听说过。"秦王说："天子发起怒来，就会使百万尸体倒地，血流千里。"唐雎说："大王可曾听说过平民发怒吗？"秦王说："平民发起怒来，不过是披头赤脚，用头往地上撞罢了。"唐雎说："这是庸人的发怒，不是侠士的发怒。以前专诸刺杀吴王僚时，彗星的尾光扫过了月亮；聂政刺杀韩傀时，白色的长虹穿过了太阳；要离刺杀庆忌时，苍鹰在殿上扑击。这三人都是平民中的侠士，他们胸中的怒气还未发作，凶兆就会从天而降，加上我就将出现四个这样的勇士了。要是侠士发起怒来，将使两具尸体同时倒下，血流五步，普天下的人都会穿上孝服，今天就是这样的时候。"说罢，就拔出宝剑，挺起身来。

秦王吓得脸色大变，慌忙从座位上挺直身子，向唐雎道歉说："先生请坐下，哪里会到这种地步呢！我已经明白了。韩、魏两国都被灭掉，而安陵却凭着五十里的地方得以幸存，正是因为有先生您这样的人在啊。"

点师名评

唐雎在国家危机的紧急关头出使秦国，与秦王展开针锋相对的斗争，最终保全了国家，完成了使命。他不畏强权的浩然正气、硬怼秦王的慷慨陈词流芳百世。唇枪舌剑的论战中，大义凛然、威武不屈的唐雎，与骄横欺诈、色厉内荏的秦王形象无不跃然纸上。

延伸/阅读

吴　起

战国初期军事家、政治家、改革家，兵家代表人物。吴起幼年丧父，由母亲抚养长大，年轻时胸怀大志，遵守诺言，办事认真。吴起一生历仕鲁、魏、楚三国，通晓兵家、法家、儒家三家思想，在内政和军事上都有极高的成就。在魏国时，他训练武卒，多次大败秦军，夺取了西河地区。在楚国时，他辅佐楚悼王主持变法。周安王二十一年（公元前381年），因变法得罪守旧贵族，惨遭杀害。吴起著有《吴子兵法》，传于世，与兵圣孙武并称"孙吴"。

思考问答

☆ 吴起是怎样批评魏武侯、王错二人的错误的？

☆ "南辕北辙"的故事带给你哪些启示？

韩　策

史疾为韩使楚

名师导读

　　史疾出使楚国，楚王认为史疾研究的列御寇"正名"学说不能治理国家。史疾就以刚飞来的喜鹊为喻体，讽刺楚国吏治腐败，各级执法的官员们的"不正"，导致盗贼横行无人缉拿，从反面说明"正"可以治国的道理。

【原文】

　　史疾①为韩使楚，楚王②问曰："客何方所循？"曰："治列子圉寇③之言。"曰："何贵？"曰："贵正。"王曰："正亦可为国乎？"曰："可。"王曰："楚国多盗，正可以圉④盗乎？"曰："可。"曰："以正圉盗，奈何？"顷间有鹊止于屋上者，曰："请问楚人谓此鸟何？"王曰："谓之鹊。"曰："谓之乌，可乎？"曰："不可。"曰："今王之国有柱国、令尹、司马、典令⑤，其任官置吏，必曰廉洁胜任。今盗贼公行而弗能禁也，此乌不为乌，鹊不为鹊也。"

扫码看视频

【注释】

①史疾：韩臣。

②楚王：不详何王。

③列子圄（yǔ）寇：指列御寇，人称列子，战国时郑国的学者。

④圄：防御，禁止。

⑤典令：主管发布政令的官职。

【译文】

　　史疾代韩国出使楚国时，楚王问道："先生研究什么学问呢？"史疾回答说："研究列子御寇的学说。"楚王又问："那先生看重什么？"史疾回答："看重'正'。"楚王又问："'正'也可以用来治国理政吗？"史疾回答说："可以。"楚王问："楚国的盗贼非常多，'正'可以用来御盗吗？"史疾回答说："可以。"楚王问："用'正'来御盗，该怎么实施呢？"不久，有只鹊停在了屋顶上，史疾问："请问楚国把这种鸟称为什么呢？"楚王说："称它鹊。"史疾问："称它为乌鸦可以吗？"楚王回答说："不可以。"史疾说："现在大王的国内有柱国、令尹、司马、典令等官职，在任用官员时，一定要让他们廉洁胜任。如今盗贼猖獗而不能禁止，这正是乌不成乌，鹊不成鹊啊。"

名师点评

　　名副其实是治理国家或部门都要认真做到的，因为各司其职、各负其责是科学管理的基础。如果"名"与"实"不符，内政管理就会出现混乱。所以，督促每一个人尽职尽责，名实相符，就能使所治理的国家或部门生机勃勃，赢得美好未来。

延伸/阅读

列 子

列子名御寇，战国前期道家代表人物之一，古帝王列山氏之后，先秦"天下十豪"之一，道学者、思想家、哲学家、文学家、教育家。列子是老子与庄子之外的又一位道家学派代表人物，他是介于老庄之间道家学派承前启后的重要人物，创立了贵虚学派（列子学），后被尊奉为"冲虚真人"。其学本于黄帝、老子，主张清静无为，最早提出宇宙生成四阶段思想。《列子》中的"宇宙无限说""地动说""天体运动说"等学说，都远早于西方同类学说。今本《列子》八卷，开创融寓言与哲理为一体的先秦散文文风。

思考问答

☆ 史疾先生在研究什么学问？
☆ "正"可以治国吗？

燕　策

人有恶苏秦于燕王者

名师导读

　　苏秦为燕国出使齐国，收回了被齐夺去的十座城池，在燕国却有别有用心的小人谗毁苏秦不讲信用，因而苏秦归国后遭到燕王弃用。苏秦向燕王辩白，并引用曾参之孝、伯夷之廉、尾生之信来说明这些人私德很好，但缺少为国献身的大义，因此，是不能为君王所用的，而自己追求的是积极进取之道，是因忠信得罪了君主。

【原文】

　　人有恶①苏秦于燕王者曰："武安君②，天下不信人③也。王以万乘下之，尊之于廷④，示天下与小人群也。"

【注释】

　　①恶：诽谤。

　　②武安君：此指苏秦。

　　③不信人：不讲信义的人。

　　④廷：朝廷。

有人在燕王面前诽谤苏秦说："武安君苏秦是天下最不讲信义的人。大王以万乘之尊去俯就他，在朝廷上推崇他，这是向天下诸侯表示大王和小人为伍啊。"

【原文】

武安君从齐来，而燕王不馆也。谓燕王曰："臣东周之鄙人也，见足下身无咫尺之功，而足下迎臣于郊，显臣于廷。今臣为足下使，利得十城，功存危燕，足下不听臣者，人必有言臣不信，伤臣于王者。臣之不信，是足下之福也。使臣信如尾生①，廉如伯夷②，孝如曾参③，三者天下之高行，而以事足下，可乎？"燕王曰："可。"曰："有此，臣亦不事足下矣。"

【注释】

①尾生：相传尾生与一女子立下约定，在桥下相会。尾生在桥下等待，是时洪水暴发，但尾生信守约定不肯离开，最后被洪水淹死，成为信守约定的楷模。

②伯夷：商末孤竹君之长子。孤竹君原本想让次子叔齐承袭爵位，孤竹君死后叔齐让位于伯夷。伯夷认为这样会违背父命，于是逃亡，叔齐也随之一起逃亡。武王伐纣，伯夷叔齐认为这是作乱，不道，隐遁首阳山，最后被饿死。

③曾参：孔子弟子，历史上有名的孝子。

【译文】

苏秦从齐国回来，燕昭王竟不准备任用他。因而苏秦就对燕昭王说："臣是东周的一个乡野小民，臣第一次见大王时，还没有一点儿功劳，而大王却到郊外来迎接臣，让臣在朝廷上居显要位置。现在臣为大王出

使齐国，使燕国收回十城的土地，有挽救弱燕危亡的功劳，但是大王反
而不相信臣，一定是有人在大王面前说臣不讲信义，在大王面前诽谤臣。
臣不讲信义，那倒是大王的福气。假如臣像尾生一般守信，像伯夷一般
高洁，像曾参一般孝顺，用这三种天下公认的高尚德行来为大王办事，
好不好呢？"燕昭王说："好啊。"苏秦说："假如臣是有这三种美德
的人，那臣也就不会来服侍大王了。"

【原文】

苏秦曰："且夫孝如曾参，义不离亲一夕宿于外，足下安得使之
之齐？廉如伯夷，不取素餐①，污武王之义而不臣焉，辞孤竹之君，
饿而死于首阳之山。廉如此者，何肯步行千里，而事②弱燕之危主乎？
信如尾生，期而不来，抱梁柱而死。信至如此，何肯扬③燕、秦之威
于齐而取大功乎哉？且夫信行者，所以自为也，非所以为人也。皆自
覆之术，非进取之道也。

【注释】

①素餐：什么也不付出而得到的饭。
②事：臣事，侍奉。
③扬：宣扬。

【译文】

苏秦说："况且像曾参一般孝顺，连一夜都不肯离开父母而住在外面，
那大王还能派他出使齐国吗？假如像伯夷一般高洁，不肯无功而食，认
为周武王不义就不做他的臣子，辞去孤竹君的王位，宁肯活活饿死在首
阳山下。像这样廉洁的义士，又怎肯步行几千里来臣事危亡边缘的燕国

君主呢？假如像尾生一般守信义，和情人在桥下约会，情人不来洪水却来了，他竟抱着桥柱不走被淹死。如此守信义的人，又怎肯到齐国去宣扬燕、秦的威势来建立大功呢？况且守信用的人，乃是为了自己，并不是为了别人。这些都是保守的做法，根本不是进取的策略。

【原文】

"且夫三王代^①兴，五霸迭^②盛，皆不自覆也。君以自覆为可乎？则齐不益于营丘^③，足下不逾楚境，不窥于边城之外。且臣有老母于周，离老母而事足下，去^④自覆之术，而谋进取之道，臣之趣^⑤固不与足下合者。足下者自覆之君也，仆者进取之臣也，所谓以忠信得罪于君者也。"

【注释】

①代：更迭，交替。

②迭（dié）：意思同"代"。

③营丘：今山东临淄。

④去：弃。

⑤趣：通"趋"。

【译文】

"况且三王相继兴起，五霸先后强盛，都不仅仅是为了安于现状。大王以为安于现状是可行的吗？那齐国就不能进兵营丘，而大王也不能越过楚国的边界，更不能向边城之外窥探。况且臣有老母在周境，臣离开老母而来侍奉君王，抛弃自我满足的观念而

寻求进取的策略，臣的目的本来就跟大王不相同。大王是安于现状的君主，而臣是力求进取的臣子，这就是所谓由于忠信而得罪君王的人啊。"

【原文】

燕王曰："夫忠信又何罪之有也？"

对曰："足下不知也。臣邻家有远为吏者，其妻私人^①。其夫且归，其私之者忧之。其妻曰：'公勿忧也，吾已为药酒以待之矣。'后二日，夫至，妻使妾奉卮酒进之。妾知其药酒也，进之则杀主父，言之则逐主母，乃阳僵弃酒。主父大怒而笞^②之。故妾一僵而弃酒，上以活主父，下以存主母也。忠至如此，然不免于笞，此以忠信得罪者也。

【注释】

①私人：与人私通。

②笞（chī）：用竹板、荆条打。

【译文】

燕王说："忠信又有什么罪过呢？"

苏秦回答说："君王可能不明白这种道理。臣有一个邻居到远方做官，留在家的妻子和人通奸。当丈夫要回家时，奸夫很担忧。这时妻子对奸夫说：'你不必担心，我已经准备好毒酒等他回来。'过了两天丈夫回来了，妻子叫侍妾端毒酒给他喝。侍妾知道这是一杯毒酒，男主人喝了就会被毒死，可是说出来女主人就会被赶走，因此侍妾就假装跌倒把毒酒弄翻。不料男主人竟然大怒而鞭打侍妾。侍妾故意把毒酒弄翻，对上是救了男主人一命，对下是保全了女主人在家中的地位。侍妾忠贞到如此程度，然而竟逃不过男主人的鞭打，这就叫作以忠信而获罪。

【原文】

"臣之事,适①不幸而有类妾之弃酒也。且臣之事足下,亢义益国,今乃得罪,臣恐天下后事足下者,莫敢自必也。且臣之说齐,曾不欺之也。使说齐者,莫如臣之言也,虽尧、舜之智不敢取也。"

【注释】

①适:恰好。

【译文】

"臣今天的所作所为,恰好与这侍妾故意把酒弄洒的情况有些类似。况且臣侍奉大王,合乎道义而且对燕国能有所帮助,不料臣竟因此而获罪,臣恐怕以后来侍奉大王的天下士子,都会丧失信心啊。况且臣前往齐国游说时,也不曾欺骗他们。如果其他国家使者游说齐国时不像我那样,即使他们像尧、舜一般明智,也不能给国家带来利益。"

名师点评

苏秦的自辩是有道理的,他指出政治行为不能简单地用普通的仁义道德来评价。个人的品德再高洁,如果不为国家所用,只是为个人目的轻易牺牲生命,也是没有意义的。儒家有"修身、齐家、治国、平天下"的终极目标,提倡学习、努力的最终目的是要为国家、民族贡献自己的一切。如此,生命才会绽放出璀璨的光彩。苏秦讲述生活中那些受了委屈、被人冤枉,却一如既往忠诚的人的小故事,感人至深。

昌国君乐毅为燕昭王合五国之兵而攻齐

名师导读

　　乐毅合五国之兵一举几乎将齐国覆亡。昭王死，燕惠王继位，齐国用反间计，乐毅受猜忌而逃亡到赵国，燕军大败，齐地尽失。燕惠王担心乐毅乘机攻燕，先发制人写信责备乐毅背弃了先王的知遇之恩。乐毅回信辩解，他盛赞先王为贤圣之君，信任并重用自己，而自己也没有辜负先王的知遇之恩，联合五国成功破齐，为先王报仇雪耻。乐毅在信中含蓄地表达了对燕惠王失察的批判，并为自己辩白。

【原文】

　　昌国君乐毅为燕昭王合五国之兵而攻齐，下七十余城，尽郡县之以属燕，三城未下而燕昭王死。惠王即位，用齐人反间①，疑乐毅，而使骑劫代之将。乐毅奔②赵，赵封以为望诸君。齐田单欺诈骑劫，卒败燕军，复收七十城以复齐。燕王悔，惧赵用乐毅承燕之弊以伐燕。

【注释】

①反间：反间计。

②奔：逃亡。

【译文】

昌国君乐毅为燕昭王率领五国联军攻打齐国，拿下了七十多座城池，把它们都编入燕国的郡县，还有三座城池没有攻下，燕昭王就去世了。惠王即位，相信了齐国人的反间计，怀疑乐毅，就派骑劫去取代他统领燕军。乐毅逃往赵国，赵王封他为望诸君。齐国的田单用计对付骑劫，终于打破燕军，把齐国失去的七十座城池完全收复。燕王后悔，害怕赵国用乐毅趁燕国疲惫来攻打燕国。

【原文】

燕王乃使人让乐毅，且谢之曰："先王举国而委将军，将军为燕破齐，报先王之雠①，天下莫不振动，寡人岂敢一日②而忘将军之功哉！会先王弃群臣，寡人新即位，左右误寡人。寡人之使骑劫代将军者，为将军久暴露于外，故召将军且休计事。将军过听，以与寡人有郄③，遂捐④燕而归赵。将军自为计则可矣，而亦何以报先王之所以遇将军之意⑤乎？"

【注释】

①雠（chóu）：同"仇"。

②一日：每天。

③郄（xì）：同"隙"，此指不和。

④捐：抛弃。

⑤意：情意。

【译文】

　　燕王就派人责备乐毅，又婉转地向他道歉，说："先王把国家完全交给将军，将军替燕国攻破了齐国，替先王报了仇，天下都感到震动，我每天都不敢忘记将军的功劳！正遇上先王去世，我刚即位，身边的人误导了我。我之所以派骑劫代替你，是因为将军长期辛苦在外，所以让你回国休息。将军误听别人的话，认为和寡人有了间隙，抛弃燕国去了赵国。你为自己打算，这样做是可以的，但这怎么能够报答先王对将军的情谊呢？"

【原文】

　　望诸君乃使人献书报燕王曰："臣不佞，不能奉承先王之教①，以顺左右之心，恐抵斧质之罪，以伤先王之明，而又害于足下之义，故遁逃奔赵。自以负不肖之罪，故不敢为辞说。今王使使者数之罪，臣恐侍御者之不察先王之所以畜幸臣之理，而又不白于臣之所以事先王之心，故敢以书对。

【注释】

　　①先王之教：当作"王命"。

【译文】

　　望诸君派人献上书信，回复燕王说："我不才，不能领会大王的意图，来顺从您左右亲信的心意，恐怕遭受死罪，影响到先王的知人之明，而又会给您带来加害功臣的不义名声，所以逃奔到赵国。自认为身负不肖的罪名，所以不敢用言语辩解。现在大王派使者数落我的罪过，我担心您身边的人不了解先王信任我的原因，又不明白我对先王尽心尽力的心情，所以斗胆用书信来回答。

【原文】

"臣闻贤圣之君，不以禄私其亲，功多者授之；不以官随其爱，能当者处之。故察能而授官者，成功之君也；论行而结交者，立名之士也。臣以所学者观之，先王之举错①有高世之心，故假节②于魏王，而以身得察于燕。先王过举，擢之乎宾客之中，而立之乎群臣之上，不谋于父兄，而使臣为亚卿③。臣自以为奉令承教，可以幸无罪矣，故受命而不辞。

【注释】

①错：通"措"。
②节：使者所持的凭证。
③亚卿：很高的爵位。

【译文】

"我听说贤明的君主不把俸禄随意奖给亲近的人，功劳大的才授给他；不把官职交给个人喜欢的人，有能力的才让他担任职务。所以考查臣下的才能而授以适当官职的，这是能建立功业的君主；考虑朋友的行为正确才和他结交的，这才是能建立功名的人。我根据自己学到的知识来观察，先王的行为超出了世间一般人，所以我在担任魏国使臣时，得到燕国方面的了解。先王过分抬举我，把我从宾客当中提拔起来，让我处在群臣之上，不和同姓贵臣商量，就任命我做亚卿。我自认为接受先王的命令和教诲，可以免除罪过，所以接受任命而没有推辞。

【原文】

"先王命之曰：'我有积怨深怒于齐，不量轻弱，而欲以齐为事。'

臣对曰：'夫齐，霸国之余教也，而骤胜之遗事也，闲于兵甲，习于战攻。王若欲攻之，则必举天下而图之；举天下而图之，莫径于结赵矣。且又淮北、宋地，楚、魏之所同愿也。赵若许约，楚、魏、宋尽力，四国攻之，齐可大破也。'先王曰：'善。'臣乃口受令，具符节，南使臣于赵。顾反命，起兵随而攻齐。以天之道，先王之灵，河北之地，随先王举而有之于济上。济上之军奉令击齐，大胜之。轻卒锐兵，长驱至国。齐王逃遁走莒①，仅以身免。珠玉财宝，车甲珍器，尽收入燕。大吕陈于元英②，故鼎反于历室③，齐器设于宁台④。蓟丘⑤之植，植于汶皇。自五伯以来，功未有及先王者也。先王以为惬其志，以臣为不顿命，故裂地而封之，使之得比乎小国诸侯。臣不佞，自以为奉令承教，可以幸无罪矣，故受命而弗辞。

【注释】

①莒：在今山东莒县。
②元英：燕宫。
③历室：燕宫。
④宁台：燕台。
⑤蓟（jì）丘：燕都蓟城的标志性地方，在今北京白云观西。

【译文】

"先王告诉我：'我对齐国有深仇大恨，不估量自己国力微弱，想把对付齐国作为目标。'我回答：'齐国有霸国的传统，又有多次战胜的余威，对兵器很熟练，对战事很熟悉。大王如果想攻打它，就必须联合各国去对付它；要联合各国，不如直接与赵国结盟。况且，齐国现在管辖着淮北、宋地，而楚国欲得淮北，魏国欲得宋，他们进攻齐国的愿望是相同的。赵国如果同意和燕国结盟，楚、魏、宋也愿尽力，四国联合，就可以大破齐国。'先王说：'好。'于是我就接受口头的命令，准备好使臣所用的符节，向南出使赵国。在我回国复命后，随即发兵攻齐。由于上天的保佑和先王的英明，河北的地方都被先王占领。济上的部队奉命追击，大获全胜。精锐的兵士长驱直入，直达齐都。齐王孤身逃到莒城。珠玉财宝、兵器和贵重的器物，全都运回燕国。齐国的大吕钟陈放在燕国的元英宫，燕国从前失去的鼎也回归故国，齐国的器物陈放在燕国的宁台上。蓟丘种植的竹子，现在移植在齐国的汶水。自五霸以来，没有谁的功劳能与先王相比。先王感到很满意，认为我能完成使命，所以割地封我，让我能和小国诸侯相提并论。我不才，自认为按照先王的指令办事，可以避免罪过，所以接受命令，没有推辞。

【原文】

"臣闻贤明之君，功立而不废①，故著于春秋；蚤知②之士，名成而不毁，故称于后世。若先王之报怨雪耻，夷万乘之强国，收八百岁之蓄积③，及至弃群臣之日，余令诏后嗣之遗义，执政任事之臣，所以能循法令，顺庶孽者，施及萌隶，皆可以教于后世。

【注释】

①废：半途而废。
②蚤（zǎo）知：先见之明。
③蓄积：积蓄。

【译文】

"我听说贤明的君主，功劳建立后，不会半途而废，所以载入史册；有先见之明的人，成名后善于保持，所以被后世称道。像先王那样能报仇雪恨，削平万乘的大国，取走齐国八百年的积蓄，到他去世之时，他遗留下来的政策法令，仍有诏告子孙后代的作用，执政的大臣们整顿法令，理顺嫡庶关系，把遗教推行到民众之中，先王的所作所为，都可用来教育后代。

【原文】

"臣闻善作者不必善成，善始者不必善终。昔者伍子胥说听乎阖闾，故吴王远迹至于郢。夫差弗是也，赐之鸱夷①而浮之江。故吴王夫差不悟先论之可以立功，故沉子胥而不悔；子胥不蚤见主之不同量，故入江而不改。夫免身全功以明先王之迹者，臣之上计也；离毁辱之非，堕先王之名者，臣之所大恐也。临不测之罪，以幸为利者，义之所不敢出也。

【注释】

①鸱（chī）夷：皮囊。

【译文】

"我听说善于开创的人不一定善于完成，有好的开头不一定有好的结尾。从前伍子胥的意见被吴王阖闾采纳，所以吴王远征打到楚的郢都。夫差不听子胥的意见，杀死他后，用皮革裹尸，沉在江中。吴王夫差不知道采纳子胥先前的意见可以立功，所以把子胥沉入江水，并不后悔；子胥没有及早发现两个君主度量不同，所以无法改变被沉江的命运。免掉杀身之祸，保全已有的功劳，阐扬先王的伟业，这是我的上策；遭受侮辱性的诽谤，损害先王知人的名声，这是我最为恐惧的。面对无法预见的后果，侥幸为别国从中取利，从道义上讲，我绝不会这样去做。

【原文】

"臣闻古之君子，交绝①不出恶声；忠臣之去也，不洁其名。臣虽不佞，数奉教于君子矣。恐侍御者之亲左右之说，而不察疏远之行也，故敢以书报，唯君之留意焉。"

【注释】

①交绝：绝交。

【译文】

"我听说古时的君子，在绝交的时候，不会说自己之长，揭别人之短；忠臣在离国的时候，不把功劳归于自己，不把错误归于君上。我虽不才，但也曾多次受到过君子的教诲。我担心大王听信身边人的议论而不了解我远在赵国的行为，所以斗胆用书信来回答，希望大王能够谅察。"

名师点评

乐毅是个识时务的人，他看出燕惠王干不成大事，借骑劫代替自己为帅之机，弃燕国投奔赵国。乐毅是个念旧的人，借回燕惠王信之机委婉劝谏：做领导的基本素质是对下属要能公平、公正，不能任人唯亲；使用赏罚时要以下属的功过、才能为标准进行，不能公器私用。这些道理，至今仍是适用的公理。

赵且伐燕

名师导读

赵国欲攻打燕国，苏代为燕国出使赵国。他用"鹬蚌相争，渔翁得利"的寓言故事告诉赵惠王，赵国与燕国对抗，必定会导致双方国力衰弱，最后得利的是秦国，从而劝赵惠王充分评估战争的利弊。

【原文】

赵且伐燕，苏代为燕谓惠王曰："今者臣来，过易水，蚌①方出曝，而鹬②啄其肉，蚌合而拑③其喙。鹬曰：'今日不雨，明日不雨，即有死蚌。'蚌亦谓鹬曰：'今日不出，明日不出，即有死鹬。'两者不肯相舍，渔者得而并禽④之。今赵且伐燕，燕、赵久相支以弊大众，臣恐强秦之为渔父也。故愿王之熟计之也。"惠王曰："善。"乃止。

扫码看视频

【注释】

①蚌：河蚌。

②鹬（yù）：一种水鸟，嘴又尖又长，主要以小鱼等为食。

③拑：拑住，夹住。

④禽：通"擒"，擒获。

【译文】

　　赵国想去攻打燕国，苏代为燕国向赵惠文王进言说："这次我前来赵国的时候，路过易水，刚好看到一只河蚌出来晒太阳，有个鹬鸟咬住了河蚌的肉，而河蚌则夹住了这个鹬鸟的嘴巴。鹬鸟说：'今天不下雨，明天不下雨，你就成个死蚌了。'河蚌也对鹬鸟说：'我今天不让你的嘴巴出去，明天还不让，你就成个死鸟了。'河蚌和鹬鸟都不肯首先放掉对方，这时来了个渔翁，轻而易举就把两个家伙都抓走了。如今您想要攻打燕国，燕、赵两国长久相持不下，只会让百姓疲劳困顿，我害怕强大的秦国就会成为这个'渔翁'了。希望大王好好考虑啊！"赵惠文王说："你说得对。"于是放弃了攻打燕国的想法。

名师点评

　　"鹬蚌相争，渔翁得利"的成语就出自这里。这个著名的寓言故事影响了中国人千百年，就因为这一个教训中包含的智慧极其深刻。这说明了国家、集体、个人之间的竞争应为良性状态，双方团结互助，不钩心斗角，避免给第三方以可乘之机。

燕太子丹质于秦

　　荆轲刺秦王是一个以弱小个体反抗侵略国家的典型事例。荆轲为取得秦王信任，亲自向樊於期借人头，情节跌宕起伏，充满传奇色彩。易水送别，白衣缟素，击筑和乐，一首《易水歌》，怒发冲冠，慷慨悲壮，千年来激励了无数仁人志士。刺杀秦王的过程更是惊心动魄，先是秦武阳色变发抖与荆轲的镇定自若形成了强烈的对比，接着图穷而匕见，刺杀、追逐、拔剑、反击，紧张激烈，一波三折，扣人心弦。最后荆轲身中八剑，却视死如归，其大义凛然令人动容。刺杀虽然失败，却成就了一代英雄。

【原文】

　　燕太子丹质于秦，亡归。见秦且灭六国，兵以临易水，恐其祸至。太子丹患之，谓其太傅①鞠武曰："燕、秦不两立，愿太傅幸而图之。"武对曰："秦地遍天下，威胁韩、魏、赵氏，则易水以北未有所定也②。奈何以见陵之怨，欲批其逆鳞哉？"太子曰："然则何由？"太傅曰："请入，图之。"

　　居之有间③，樊将军④亡秦之燕，太子容之。太傅鞠武谏曰："不可。夫秦王之暴而积怨于燕，足为寒心，又况闻樊将军之在乎！是以委肉当饿虎之蹊，祸必不振⑤矣！虽有管、晏，不能为谋。愿太子急遣樊将军入匈奴以灭口。请西约三晋，南连齐、楚，北讲于单于，然后乃可图也。"

【注释】

①太傅：这里指燕太子丹的老师。

②未有所定也：指前途未卜。

③有间：过了一些日子。

④樊将军：指秦国将领樊於期，因得罪秦王逃到燕国。

⑤振：救。

【译文】

燕太子丹在秦国做人质，逃了回来。他见秦国即将灭亡六国，秦兵已接近易水，担心大祸临头。他很忧虑，于是对老师鞠武说："燕、秦势不两立，希望有幸得到太傅的指教。"鞠武回答说："如今秦国的土地遍布天下，威胁着韩、赵、魏三国，易水以北的燕也是前途未卜。何必因为被凌辱的小怨，而去激怒残暴的秦王呢？"燕太子丹说："那该怎么办呢？"鞠武说："您先回去，让我考虑一下。"

过了一阵子，樊於期将军从秦国逃到燕国，太子丹收留了他。鞠武进谏说："不可以这样做。秦王暴虐，又对燕国怀恨已久，足以让人胆战心惊，更何况樊将军还在这里呢！这就等于把肉放在饿虎通过的路上，燕国的大祸无法避免了！就算是管仲、晏婴在世也没法挽救了。希望太子赶快让樊将军投奔匈奴，消除秦国进攻燕国的借口。请您向西跟三晋结盟，向南跟齐、楚订约，向北跟匈奴单于讲和，然后就可以再做打算。"

【原文】

太子丹曰："太傅之计，旷日弥久，心惛然，恐不能须臾。

且非独于此也。夫樊将军困穷于天下，归身于丹，丹终不迫于强秦而弃所哀怜之交，置之匈奴，是丹命固卒^①之时也。愿太傅更虑^②之。"

鞠武曰："燕有田光先生者，其智深，其勇沉^③，可与之谋也。"太子曰："愿因太傅交于田光先生，可乎？"鞠武曰："敬诺。"出见田光，道太子曰："愿图国事于先生。"田光曰："敬奉教^④。"乃造焉。

【注释】

①卒：结束。
②更虑：重新考虑。
③沉：深，深沉。
④敬奉教：遵命。

【译文】

燕太子丹说："太傅的计策，实施起来要花很多时间，但是我现在郁闷烦躁，恐怕一刻也等不了。而且还不只这些。樊将军在全天下都不相容时投奔我，我不能因为强秦的威胁就抛弃这可怜的朋友，把他送到匈奴，这真是我的生命该结束的时候了。希望太傅考虑一下别的方法。"

鞠武说："燕国有一位田光先生，他智谋深远，个性勇敢深沉，太子可以跟他谋划一下。"燕太子丹说："希望通过太傅认识田光先生，可以吗？"鞠武说："没问题。"于是鞠武就去拜访田光，说了太子丹的事，说："太子想跟先生密商国事。"田光先生说："愿意效劳。"于是田光去见太子丹。

【原文】

太子跪而逢迎，却行为道^①，跪而拂席。田先生坐定，左右无人，太子避席而请曰："燕、秦不两立，愿先生留意也。"田光曰："臣闻骐骥^②盛壮之时，一日而驰千里，至其衰也，驽马先之。今太子闻光壮盛之时，不知吾精已消亡矣。虽然，光不敢以乏^③国事也。所善^④荆轲可使也。"太子曰："愿因先生得交于荆轲，可乎？"田光曰："敬诺。"

即起，趋出。太子送之至门，戒曰："丹所报，先生所言者，国大事也，愿先生勿泄也。"田光俛^①而笑曰："诺。"

【注释】

① 却行为道：倒退着为人引路。
② 骐骥：千里马。
③ 乏：荒废。
④ 所善：交好的人。
⑤ 俛（fǔ）：俯身。

【译文】

太子丹跪着迎接田光，倒退着为他引路，又跪着为田光拂净席位。田光坐下以后，身边无人，太子丹离开席位向田光请教说："燕、秦两国势不两立，请先生帮着想想办法吧。"田光说："臣听说骏马在身强力壮时一天能跑千里路，到它衰老时，劣马都能跑在它前面。太子只是听说臣壮年时的名声，却不知臣的精力已经消耗尽了。尽管如此，臣也不敢因此而荒废国事。臣有位名叫荆轲的好友可以任用。"太子说："希望通过先生同荆轲结交，可以吗？"田光说："遵命。"

田光站了起来，快步出去了。太子丹送他到了门口，说："我告诉先生的，和先生所说的，都是国家的机密大事，请先生不要泄露。"田光俯身笑着说："好。"

【原文】

　　偻行①见荆轲，曰："光与子相善，燕国莫不知。今太子闻光壮盛之时，不知吾形已不逮②也。幸而教之曰：'燕、秦不两立，愿先生留意也。'光窃不自外③，言足下于太子，愿足下过太子于宫。"荆轲曰："谨奉教。"

　　田光曰："光闻长者之行，不使人疑之，今太子约光曰：'所言者，国之大事也，愿先生勿泄也。'是太子疑光也。夫为行使人疑之，非节侠士也。"欲自杀以激荆轲，曰："愿足下急过太子，言光已死，明不言也。"遂自刭④而死。

【注释】

　　①偻（lǚ）行：弯着腰走路。

　　②不逮：不及，赶不上。

　　③不自外：不把自己当外人。

　　④刭（jǐng）：以刀割颈为刭。

【译文】

　　田光弯着腰步行去见荆轲说："我和你相交，燕国无人不知。现在太子只知道我壮年时的情况，却不知道我已经力不从心了。有幸得到太子开导说：'燕、秦势不两立，希望先生帮着想想办法。'我自认为与你不见外，已经把你推荐给太子，希望你入宫拜见太子。"荆轲说："谨遵指教。"

田光说："我听说德高望重的人的行为，不使人怀疑，现在太子叮嘱我说：'今天所说的，都是国家的机密大事，请先生不要泄露。'这是太子在怀疑我。行为被人怀疑，称不上高风亮节的侠义之士。"他想要自杀来激励荆轲，说："你赶快去拜见太子，就说田光已死，表明我绝不会泄露。"说完自刎而死。

【原文】

轲见太子，言田光已死，明不言也。太子再拜而跪，膝下行流涕，有顷而后言曰："丹所请田先生无言者，欲以成大事之谋。今田先生以死明不泄言，岂丹之心哉？"

荆轲坐定，太子避席顿首曰："田先生不知丹不肖，使得至前，愿有所道，此天所以哀燕不弃其孤也。今秦有贪饕①之心，而欲不可足也。非尽天下之地，臣海内之王者，其意不餍②。今秦已虏韩王，尽纳其地，又举兵南伐楚，北临赵。

【注释】

①贪饕（tāo）：贪婪。
②餍（yàn）：满足。

【译文】

荆轲见到太子丹，说田光已经自杀，表明不会泄露机密。太子丹拜了两拜跪下，双腿跪行，泪流满面，过了一会儿说："我之所以请田先生不要泄露机密，只是为了完成国家的大事。如今田光先生竟然以死表明不会泄密，这难道是我的本意吗？"

　　荆轲坐定以后，太子丹离开席位叩头说："田先生不知道我无能，使您来到这里，愿意指教我，这是上天哀怜燕国，不抛弃孤立无援的燕国。现在秦王有着贪婪的野心，欲望难以满足。除非掠尽天下的土地，使天下的诸侯向他称臣，否则他的贪欲不会停止。现在秦国已经俘虏韩王，完全拥有了韩国的土地，又发兵向南攻打楚国，向北兵临赵国。

【原文】

　　"王翦将数十万之众临漳、邺，而李信出太原、云中。赵不能支秦，必入臣，入臣则祸至燕。燕小弱，数困于兵，今计举国不足以当秦。诸侯服秦，莫敢合从。丹之私计，愚以为诚得天下之勇士使于秦，窥以重利，秦王贪其赘，必得所愿矣。

【译文】

　　"王翦率领几十万秦军兵临漳水、邺城，而秦将李信出兵太原、云中。赵国是无法对抗秦国的，必定会向秦国投降，赵投降，大祸就轮到燕国了。燕国弱小，多次受到战争侵扰，现在聚集全国兵力也无法抵挡秦国。何况天下诸侯屈服于秦国，没有敢合纵抗秦的。我个人有个想法，认为如果能找到一位勇冠天下的勇士出使秦国，以重利引诱秦王，只要秦王贪图重利，我们的目的就达到了。

【原文】

　　"诚①得劫秦王，使悉②反诸侯之侵地，若曹沫之与齐桓公，则大善矣；则不可，因而刺杀之。彼大将擅兵于外，而内有大乱，则君臣相疑，以其间诸侯得合从，其破秦必矣。此丹之上愿，而不知所以委命，唯荆卿留意焉。"

久之，荆轲曰：“此国之大事也，臣驽下③，恐不足任使。”太子前顿首，固请无让，然后许诺。

【注释】

①诚：果真，如果。

②悉：全部。

③驽下：庸碌无能，没有才华。

【译文】

"假如能够劫持秦王，让他把侵占的诸侯土地全都还回去，就像曹沫胁迫齐桓公那样，是再好不过的；如果不能，就借机刺死秦王。秦国大将在外独揽兵权，国内一旦大乱，君臣之间就会互相猜疑，趁这个机会，天下诸侯就可以合纵，必然能击败秦国。这是我最大的愿望，但却不知道托付给谁，请荆卿多多留意。"

过了很久，荆轲才说：“这是事关国家存亡的大事，臣庸碌无能，恐怕无法胜任。”燕太子丹上前磕头，坚决请荆轲不要推辞，荆轲这才允诺。

【原文】

于是尊荆轲为上卿，舍上舍，太子日日造问，供太牢①，具异物，间进车骑美女，恣荆轲所欲，以顺适其意。久之，荆卿未有行意。秦将王翦破赵，虏赵王，尽收其地，进兵北略地，至燕南界。太子丹恐惧，乃请荆卿曰：“秦兵旦暮渡易水，则虽欲长侍足下，岂可得哉？”

【注释】

①太牢：牛、羊、猪三牲全备的最高规格的祭祀牺牲，此处代指丰盛的筵席。

【译文】

于是太子尊荆轲为上卿，让他住在上等的馆舍，太子每天都来拜访问候他，供给他丰盛的筵席和奇珍异宝，不时奉上车马和美女，尽力满足他的要求，使他心情舒畅。过了很久，荆轲还没有动身的意思。秦将王翦已经攻破赵国，俘虏赵王，占领了赵国全境，并继续向北夺取土地，到了燕国的南部边境。太子丹非常恐惧，于是请求荆轲说："秦兵早晚要渡过易水，虽然我很想长期侍奉您，哪里还做得到呢？"

【原文】

荆卿曰："微太子言，臣愿得谒之。今行而无信，则秦未可亲也。夫樊将军，秦王购之金千斤，邑万家。诚能得樊将军首与燕督亢①之地图献秦王，秦王必说见臣，臣乃得有以报太子。"太子曰："樊将军以穷困来归丹，丹不忍以己之私而伤长者之意。愿足下更虑之。"

【注释】

①督亢：燕国地区名，在今河北涿州东。

【译文】

荆轲说："太子不说，臣也正准备去谒见您了。现在臣去秦国却没有让秦王相信的凭证，是无法亲近秦王的。樊将军是秦王悬赏千金和封邑万户购求的人。如果能得到樊将军的首级和燕国督亢地区的地图进献给秦王，秦王一定欣然接见臣，臣就有了报答太子的机会。"燕太子丹说：

"樊将军因为走投无路才来投奔我，我不忍心为了自己的私欲而去伤害长者的心意，希望您另想办法。"

【原文】

荆轲知太子不忍，乃遂私见樊於期曰："秦之遇^①将军，可谓深矣，父母宗族皆为戮没。今闻购将军之首，金千斤，邑万家，将奈何？"

樊将军仰天太息流涕曰："吾每念，常痛于骨髓，顾计不知所出耳^②。"轲曰："今有一言，可以解燕国之患，而报将军之仇者，何如？"樊於期乃前曰："为之奈何？"荆轲曰："愿得将军之首以献秦，秦王必喜而善见臣，臣左手把其袖，而右手揕^③其胸，然则将军之仇报，而燕国见陵之耻除矣。将军岂有意乎？"

【注释】

①遇：对待。

②顾计不知所出耳：只是想不出什么办法啊。

③揕（zhèn）：用刀剑等刺。

【译文】

荆轲知道太子丹于心不忍，就私下去见樊将军说："秦国对待将军可以说是太残忍了，将军的父母和宗族全被秦王杀光了。如今我听说秦王悬赏千金和封邑万户来买将军首级，将军要怎么办呢？"

樊将军仰天叹息流泪说："我每次想到这件事，就痛入骨髓，却想不出复仇的办法啊。"荆轲说："现在我有一个好主意，既能解除燕国祸患，又能报将军的大仇，怎么样？"樊将军上前问："该怎么办呢？"荆轲说："希望得到将军的首级献给秦王，秦王一定高兴地接见我，到那时我左手抓住他的袖子，右手用剑刺进他的胸膛。这样一来将军大仇得报，燕国的耻辱也得以洗刷，将军有意这样做吗？"

【原文】

樊於期偏袒①扼腕而进曰："此臣日夜切齿拊心也，乃今得闻教。"遂自刎。太子闻之，驰往，伏尸而哭，极哀。既已，无可奈何乃遂收盛樊於期之首，函封②之。

【注释】

①偏袒：脱下一边衣袖露出臂膀。

②函封：用匣子封好。

【译文】

樊於期挽起袖子露出一只肩臂，握住手腕上前说："这正是我日夜咬牙捶胸想做的事，今天才听到您的指教。"说完自杀而死。太子丹听说后驱车赶来，伏尸痛哭，哀伤至极。可既然事已至此，只能无可奈何地收好樊将军首级装在木匣子里封存起来。

【原文】

于是太子预求天下之利匕首，得赵人徐夫人之匕首，取之百金，使工以药淬之，以试人，血濡①缕，人无不立死者。乃为装②遣荆轲。燕国有勇士秦武阳，年十二杀人，人不敢与忤视③，乃令秦武阳为副。

【注释】

①濡（rú）：沾染。

②为装：整顿行装。

③忤（wǔ）视：正面看。

【译文】

这时太子丹预先访求天下最锋利的匕首，得到赵人徐夫人的匕首，用百金买下来，让工匠淬上毒药，在人身上试验，只要它刺破一点，沾上一丝血，人没有不立刻死亡的。于是太子为荆轲准备行装送他动身。燕国有一名勇士叫秦武阳，十二岁时就杀过人，没人敢正视他，太子就让他当荆轲的副手。

【原文】

荆轲有所待，欲与俱，其人居远未来，而为留待。顷之未发。太子迟之，疑其改悔，乃复请之曰："日以尽矣，荆卿岂无意哉？丹请先遣秦武阳。"荆轲怒叱太子曰："今日往而不反者，竖子①也！今提一匕首入不测之强秦，仆所以留者，待吾客与俱。今太子迟之，请辞决矣！"遂发。

【注释】

①竖子：小子，带有很强的呵责的意味。

【译文】

荆轲还在等人，打算和他一起去，但是这个人住在远方，还没有到，所以荆轲留下等他。等了一段时间，太子丹嫌荆轲拖延时间，怀疑他后悔了，于是又去请求说："时间已经不多了，荆卿不想去了吗？我请求先派秦武阳去吧。"荆轲斥责太子说："我这次去了，如果不能完成使命回来，那是无能小子的行为！如今我只凭一把匕首进入凶险难测的秦国，之所以停留，是为了等待我的朋友。太子既然嫌我拖延，那就请让我与你诀别吧！"于是就出发了。

【原文】

太子及宾客知其事者，皆白衣冠①以送之，至易水上。既祖②，取道。高渐离击筑，荆轲和而歌，为变徵之声③，士皆垂泪涕泣。又前而为歌曰："风萧萧兮易水寒，壮士一去兮不复还！"复为慷慨羽声④，士皆瞋目，发尽上指冠。于是荆轲遂就车而去，终已不顾。

【注释】

①白衣冠：丧服和丧帽。

②祖：祭祀路神。

③变徵（zhǐ）之声：高亢、凄厉、悲凉的调子。宫、商、角、徵、羽为古代最基本的五种乐音。

④羽声：五音之一，音调激昂。

【译文】

太子丹及门客中知道此事的人，都穿戴白色衣帽为荆轲送行，送到易水河边。祭拜路神之后，就要上路。高渐离敲着筑，荆轲和着筑声高歌，声音高亢凄凉，在场的人无不泪流满面。荆轲又向前唱道："风萧萧兮易水寒，壮士一去兮不复还！"接着荆轲又唱了慷慨激昂的歌曲，在场的人都瞪大双眼，怒发冲冠。于是荆轲上车离去，始终没有回头再看一眼。

【原文】

既至秦，持千金之资币物，厚遗秦王宠臣中庶子①蒙嘉。嘉为先言于秦王曰："燕王诚振怖大王之威，不敢兴兵以逆军吏，愿举国为内臣，比诸侯之列②，给贡职如郡县，而得奉守先王之宗庙。恐惧不敢自陈，谨斩樊於期头及献燕之督亢之地图，函封，燕王拜送于庭，使使以闻大王，唯大王命之。"

【注释】

①中庶子：官名，国君的侍从，汉代以后成为太子的属官。

②比诸侯之列：像（已经屈服的）诸侯一样。

【译文】

荆轲到了秦国，用价值千金的厚礼贿赂秦王宠臣中庶子蒙嘉。蒙嘉先替荆轲对秦王说："燕王真的畏惧大王的威严，不敢兴兵对抗，情愿举国成为大臣的子民，与臣服的诸侯同列，像秦国的郡县一样每年进贡，只求保全先王的宗庙。但是燕王恐惧得不敢亲自来陈情，于是砍下樊於期的头并献上督亢的地图，封在木匣中，燕王亲自在宫廷里拜送使者来献给大王，随时等待大王命令。"

【原文】

秦王闻之，大喜。乃朝服，设九宾①，见燕使者咸阳宫②。荆轲奉樊於期头函，而秦武阳奉地图匣，以次进至陛下③。秦武阳色变振恐，群臣怪之，荆轲顾笑武阳，前为谢曰："北蛮夷之鄙人，未尝见天子，故振慑，愿大王少假借④之，使得毕⑤使于前。"秦王谓轲曰："起，取武阳所持图。"

【注释】

①九宾：九位傧相施礼，延引上殿，以示隆重。

②咸阳宫：秦国宫名。咸阳是秦国都城，在今陕西咸阳。

③陛下：宫殿内宝座前的台阶之下。

④假借：宽恕，原谅。

⑤毕：完成。

【译文】

秦王听完后，十分高兴，穿上重要场合才穿的朝服，特设九宾之礼，在咸阳宫接见燕国使者。荆轲手捧装着樊於期首级的木匣，秦武阳手捧装着督亢地图的木匣，依次走到秦王座位的台阶下。秦武阳恐慌得脸色大变，群臣都感觉很奇怪，荆轲回头冲秦武阳笑了笑，走上前谢罪说："他是北方蛮夷之地的粗人，从没见过天子，所以才紧张恐惧，请大王宽恕他，使他在您面前完成使命。"秦王对荆轲说："起来吧，把秦武阳拿的地图给寡人看看。"

【原文】

轲既取图奉之。秦王发图①，图穷②而匕首见。因左手把秦王之袖，而右手持匕首揕③之。未至身，秦王惊，自引而起，绝袖。拔剑，剑长，掺③其室。时惶急，剑坚，故不可立拔。荆轲逐秦王，秦王还柱而走。群臣惊愕，卒起不意，尽失其度。而秦法，群臣侍殿上者，不得持尺寸之兵。诸郎中④执兵皆陈殿下，非有诏不得上。

【注释】

①发图：展开地图。

②穷：尽头。

③掺（shǎn）：握。

④郎中：护卫。

【译文】

　　荆轲拿着地图献给秦王，秦王展开地图，地图展到尽头时露出匕首。荆轲左手抓住秦王的衣袖，右手拿着匕首刺秦王，没有刺中。秦王大惊，自己跳起来，把袖子拉断了。秦王伸手拔剑，剑太长，只握住了剑鞘。情况太紧急，剑鞘又太紧，剑没法马上拔出来。荆轲追逐秦王，秦王就绕着柱子跑。群臣惊慌失措，事情出人意料地仓促发生，所有人都失去常态。而按照秦国法律，侍立在殿上的群臣不得佩带任何兵器。侍卫都手持兵器站在殿下，没有秦王的诏令不能上殿。

【原文】

　　方急时，不及召下兵，以故荆轲逐秦王，而卒惶急无以击轲，而乃以手共搏之。是时，侍医夏无且以其所奉药囊提①轲。秦王之方还柱走，卒惶急不知所为，左右乃曰："王负剑！王负剑！"遂拔剑击荆轲，断其左股。荆轲废，乃引②其匕首提秦王，不中，中柱。

【注释】

　　①提：投掷。
　　②引：举起。

【译文】

　　那时情况紧急，秦王来不及召殿下侍卫，所以荆轲追杀秦王，众人惶恐之下无法反击荆轲，只得徒手和荆轲搏斗。这时候，御医夏无且用他捧着的药囊投击荆轲。秦王正在绕着柱子逃跑，仓皇失措不知该干什么，左右侍臣高喊："大王背剑！大王背剑！"秦王把剑放到背后拔出剑来砍荆轲，砍断了他的左腿。荆轲负伤倒地，举起匕首投刺秦王，没有刺中，刺在柱子上。

【原文】

秦王复击轲，轲被八创。轲自知事不就①，倚柱而笑，箕踞②以骂曰："事所以不成者，乃欲以生劫之，必得约契③以报太子也。"左右既前斩荆轲，秦王目眩良久。已而论功赏群臣及当坐④者，各有差。而赐夏无且黄金二百镒，曰："无且爱我，乃以药囊提轲也。"

【注释】

①就：成功

②箕（jī）踞：席地而坐，两脚张开，两膝微曲，形状像箕，在古代是一种傲慢无礼的姿势。

③必得约契：一定得到你归还土地的契约。

④坐：依法判罪。

【译文】

秦王接着砍荆轲，荆轲八处受伤。荆轲知道事情无法成功，倚着柱子大笑，又开腿骂道："事情之所以没有成功，是想生擒你，好让你归还土地的契约来报答燕太子丹。"左右侍臣上前杀死荆轲，秦王目眩头晕了很久。事后对群臣论功行赏、论罪行罚，各有区别。他赏赐给夏无且黄金二百镒，说："夏无且爱护我，才用药囊投打荆轲。"

【原文】

于是，秦大怒燕，益发兵诣①赵，诏王翦军以伐燕。十月而拔燕蓟城②。燕王喜、太子丹等皆率其精兵东保于辽东③。秦将李信追击燕王。王急，用代王嘉④计，杀太子丹，欲献之秦。秦复进兵攻之，五岁而卒灭燕国而虏燕王喜。秦兼天下⑤。

其后荆轲客高渐离以击筑见秦皇帝，而以筑击秦皇帝，为燕报仇，不中而死。

【注释】

①诣（yì）：至。

②蓟城：燕都。

③辽东：今辽宁辽河以东。

④代王嘉：赵悼襄王嫡子，赵灭亡后他逃到代地自立为代王，与燕国合兵。

⑤秦兼天下：事实上，燕国在公元前222年灭亡，齐国次年灭亡，燕灭时秦国并未兼并天下。

【译文】

此事之后，秦王非常恼恨燕国，增派大兵前往赵国，诏令王翦率军攻打燕国。十月攻陷燕国都城蓟城。燕王喜和太子丹等率领精兵退守辽东。秦将李信继续追击燕王。燕王喜情急之下采纳代王嘉的计策，杀死太子丹，准备献给秦王。秦军继续进军攻打，五年后终于灭掉燕国，俘虏了燕王喜。（次年灭亡齐国之后）秦国最终统一了天下。

在这之后，荆轲的门客高渐离借演奏筑的机会去见秦始皇，乘机用筑攻击秦始皇，想要为燕国报仇，没有打中，后被杀死。

名师点评

荆轲等游侠是具有很高理想境界的爱国者，他们将人生价值的实现放在国家民族、正义自由等形而上的信念上。为保护家园、反抗强秦侵略，他们义无反顾地刺秦王于秦王庭，彰显了为国为民不计个人得失的崇高精神。

延伸/阅读

苏　秦

　　战国时期著名的纵横家、外交家和谋略家。早年与张仪入于鬼谷子门下，学习纵横之术。学成后游说列国，苏秦见秦王时献连横之策，秦王并没有采纳。潦倒而归之后，苏秦发愤攻读《阴符》，后得到燕文公赏识，出使赵国，终于当上赵相，并提出合纵六国以抗秦的战略思想，并组建合纵联盟，任从约长，兼佩六国相印，致使秦国十五年不敢出函谷关。联盟解散后，齐国攻打燕国，苏秦自燕入齐，游说齐国归还燕国城池。在齐国时，因齐国众大夫争宠遭刺杀，苏秦死前献策诛杀了刺客。著作有《苏子》三十一篇，收于《汉书·艺文志》，早佚。其游说辞及书信十六篇留存于《战国纵横家书》中，其中十一篇不见于现存传世古籍。

思考问答

☆ 齐国用反间计使乐毅受猜忌，乐毅是怎样给燕惠王回复的？
☆ 荆轲刺秦的故事为什么能够千古流芳，在荆轲身上我们看到了什么精神？

公输般为楚设机

名师导读

公输般为楚国制造云梯，准备用来攻打宋国，墨子听说后去见公输般。见面后墨子开门见山，以"杀人"为话题，三言两语就将公输般说得哑口无言、心悦诚服，公输般只好引他去见楚王。见到楚王后，墨子通过形象的类比，将楚国攻宋国比喻为小偷行为，使得楚王感悟，最后放弃了攻宋计划。

【原文】

公输般为楚设机①，将以攻宋。墨子②闻之，百舍③重茧，往见公输般，谓之曰："吾自宋闻子，吾欲藉子杀人。"公输般曰："吾义固不杀人。"墨子曰："闻公为云梯，将以攻宋。宋何罪之有？义不杀人而攻国，是不杀少而杀众。敢问攻宋何义也？"公输般服焉，请见之王。

【注释】

①公输般：春秋末年鲁国人，即我国古代最著名的巧匠鲁班。机：此处

指一些攻城的战具，如云梯等。

　　②墨子：名翟，春秋末年宋国人，是墨家学派的创始人。

　　③百舍：百里一舍，形容长途跋涉。

【译文】

　　公输般为楚国设计攻城器械，准备用来攻打宋国。墨子听说后，长途跋涉，脚上都磨出了老茧，去楚国见公输般，对他说："我在宋国就听说你的大名，想借你的手帮我杀人。"公输般回答："我讲究仁义，不杀人。"墨子说："听说你制造云梯，准备攻打宋国。宋国有什么罪？讲仁义不杀人却攻打一个国家，这是不杀少数人而杀很多人。请问攻打宋国算什么讲究仁义呢？"公输般无言以对，请墨子去见楚王。

【原文】

　　墨子见楚王曰："今有人于此，舍其文轩①，邻有弊舆②而欲窃之；舍其锦绣，邻有裋褐③而欲窃之；舍其粱肉④，邻有糟糠而欲窃之。此为何若人也？"王曰："必为有窃疾矣。"

【注释】

　　①文轩：雕饰精美的车子。

　　②弊舆：破旧的车子。

　　③裋（shù）褐：粗布上衣。

　　④粱肉：指精美的食物。

【译文】

　　墨子见到楚王说："现在有这样一个人，舍弃自己雕花的车子，邻居有一辆破车他想偷来；舍弃自己华丽的服装，邻居有粗布衣服他想偷来；舍弃自己美味奢华的食物，邻居有米糠他想偷来，这是什么样的人呢？"楚王说："肯定是有偷窃病的人！"

【原文】

墨子曰："荆之地方五千里，宋方五百里，此犹文轩之与弊舆也；荆有云梦，犀、兕[①]、麋、鹿盈之，江汉鱼、鳖、鼋、鼍[②]为天下饶，宋所谓无雉、兔、鲋鱼者也，此犹粱肉之与糟糠也；荆有长松、文梓、梗、楠、豫樟，宋无长木，此犹锦绣之与短褐也。臣以王吏之攻宋为与此同类也。"王曰："善哉！请无攻宋。"

【注释】

①兕（sì）：古代指犀牛，一说雌性犀牛。
②鼍（tuó）：扬子鳄。

扫码看视频

【译文】

墨子说："楚国方圆五千里，宋国方圆五百里，这就如同雕饰精美的车和破车一样；楚国有云梦泽，犀、兕、麋、鹿等珍稀动物遍地都是，长江、汉水里的鱼、鳖、鼋、鼍等是天下最多的，宋国连野鸡、兔子、鲫鱼都没有，这就如同美味奢华的食物和米糠一样；楚国有长松、文梓、梗、楠、豫樟，宋国根本没有高大的树木，这就如同华丽的服装和粗布衣服一样。我认为大王派兵攻打宋国的行为跟这个有窃疾的人的行为是同类。"楚王说："说

得太对了，我不攻打宋国了。"

"埋头拉车不看路"，说的就是鲁班这样的人。当他的技术成果被人利用为威胁人类和平的工具时，他却不能反省、制止，真是"哀其不幸，怒其不争"。墨子致力于和平、不辞辛劳、不计毁誉的精神值得我们肯定。

卫嗣君时

名师导读

卫国有个刑徒逃到了魏国，卫嗣君不惜用百金将他赎回，如果魏国不给，卫嗣君就打算再用左氏之地将他赎回。卫嗣君认为百姓能否知法、守法与当政者对罪犯的态度有关。这样做既能用法制精神教化民众，也能使为政者树立信用。

【原文】

卫嗣君时，胥靡①逃之魏，卫赎之百金，不与，乃请以左氏②。群臣谏曰："以百金之地赎一胥靡，无乃不可乎？"君曰："治无小，乱无大。教化喻于民，三百之城③足以为治。民无廉耻，虽有十左氏，将何以用之？"

【注释】

①胥（xū）靡：犯罪的刑徒，服劳役抵罪。

②左氏：地名，卫国的城邑。

③三百之城：拥有三百户人家的城邑。

【译文】

卫嗣君在位时，有个服劳役的罪犯逃到魏国，卫国用百镒黄金赎回他，魏王不给，于是卫嗣君请求用左氏去换。群臣进谏说："用百镒黄金和一座城池去换一个犯人，恐怕不合适吧？"卫嗣君答道："安定不在国小，混乱不因国大。教化能够深入民心，三百户人家的城邑也能治理得很好。如果百姓不知廉耻，就算有十个左氏那么大，又有什么用处呢？"

点名师评

教化之功，功在千秋。如何教化？卫嗣君用实际行动告诉你，为了打击逃至他国的罪犯，哪怕引渡费用不菲，也必须做。将罪犯绳之以法，体现的是执政者赏罚有信，维护的是国家的秩序和正义。

延伸/阅读

公输般

春秋时期鲁国人，木匠鼻祖、土木建筑鼻祖、戏班的祖师。姬姓，公输氏，名班，人称公输般、班输，尊称公输子，又称鲁盘或鲁般，习惯称其为"鲁班"。据《事物绀珠》《古史考》《物原》等古籍记载，木工使用的曲尺、墨斗、刨子、钻子、锯子等工具都是他发明的。《墨子·公输》中记载了他将梯子改制成可以凌空而立的云梯，用以攻城等。鲁班的名字已成为古代劳动人民智慧的象征，其实这些皆是古代劳动人民集体创造与发明的。

思考问答

☆ 墨子是如何让楚国放弃攻宋的？
☆ 怎样才能使教化深入民心？

中山君飨都士大夫

名师导读

中山君在宴飨士大夫的过程中，因漏分一份羊羹而惹怒了司马子期，司马子期投奔楚国并游说楚王攻打中山，中山君因而流亡。国君被迫逃亡，令人不禁扼腕长叹。但更加令人慨叹的是，一壶饭却能让人拿着武器舍命保护中山君。

【原文】

中山君飨①都士大夫，司马子期在焉。羊羹②不遍，司马子期怒而走于楚，说楚王伐中山。中山君亡，有二人挈③戈而随其后者，中山君顾谓二人："子奚为者也？"二人对曰："臣有父，尝饿且死，君下壶餐饵④之。臣父且死，曰：'中山有事，汝必死之。'故来死君也。"中山君喟然而仰叹曰："与不期众少，其于当厄⑤；怨不期深浅，其于伤心。吾以一杯羊羹亡国，以一壶飧得士二人。"

扫码看视频

【注释】

①飨（xiǎng）：宴请。

②羊羹：用羊肉熬制的羹，等到冷却后可以用来下饭。

③挈（qiè）：拿着。

④饵：吃，服食。

⑤厄：灾难，厄运。

【译文】

中山君设宴款待都城里的士大夫们，司马子期也在筵席之中。在分羊羹时却没有他的，司马子期勃然大怒而投奔楚国，并说服了楚王攻打中山国。中山君被逼逃亡，有两个人提戈紧跟在他身后，中山君回头对他们说："你们是什么人呢？"两人回答："我们的父亲曾经饿得快死了，是君主给他们吃了一壶饭。父亲在临死前说：'中山国如果有难，你们必须以死相报。'所以我们是来为君主效死的。"中山君这时仰天喟然叹息说："施恩不在于多少，而在于必须要在对方困厄的时候伸出援手；结怨不在于深浅，而在于是否重伤了对方的心。我因为一杯羊羹亡国，却因为一壶饭得到两个义士。"

名师点评

一饭之恩，在君子就成了"滴水之恩，当涌泉相报"；一羹之失，在小人则成了"睚眦必报"。作为领导者，事无巨细，都应该认认真真地对待；作为下属，心胸开阔和与人为善都是做人做事的基本准则。此文开卷有益，令人回味。

延伸/阅读

中山国

中山国是战国时期诸侯国，存在于公元前414—公元前296年，是由白狄所建立的国家，因城（中山城）中有山而得名。作为第一个华夏化的戎狄国家，其国土嵌在燕赵两个大国之间，经历了戎狄、鲜虞和中山三个发展阶段。后来，魏国魏文侯派大将乐羊、吴起统率军队，经三年苦战，于公元前406年攻灭了中山国。之后中山桓公又复国，国力鼎盛，曾有战车九千乘。公元前296年，为赵国所败。翌年亡。

思考问答

☆ 为什么一杯羊羹就能够亡国？

☆ 中山君逃亡的故事带给你哪些启示？